FÉNELON

FABLES

ET

OPUSCULES DIVERS

HACHETTE ET Cᶦᵉ

FABLES

ET

OPUSCULES DIVERS

DE FÉNELON

D'après la délibération du Conseil supérieur de l'instruction publique en date du 8 mars 1844, l'usage de cette édition a été autorisée dans les collèges.

CORBEIL — Typ. et ster. de CRÉTÉ.

FABL

ET
OPUSCULES DIVERS

COMPOSÉS POUR L'ÉDUCATION DU DUC DE BOURGOGNE

PAR

FÉNELON

NOUVELLE ÉDITION

précédée d'un extrait de l'histoire de Fénelon
et accompagnée de notes mythologiques, historiques et géographiques

PAR AD. REGNIER

Professeur honoraire de rhétorique au lycée Charlemagne

AVEC 6 VIGNETTES

PARIS
LIBRAIRIE HACHETTE ET Cie.
79, BOULEVARD SAINT-GERMAIN, 79.

1875

AVANT-PROPOS

DE L'ÉDITION DE 1840.

La plupart des éditions des *Fables* de Fénelon, surtout celles dont on se sert dans les classes, sont remplies de fautes de tout genre. Ce ne sont pas seulement des mots altérés, mais des lignes et des phrases entières omises ou défigurées. Parmi ces altérations, les unes sont dues à la négligence des éditeurs, les autres sont faites à dessein : on a voulu corriger Fénelon, substituer de nouvelles expressions ou tournures à celles qui ont vieilli ou qu'on n'emploie plus très-fréquemment aujourd'hui, faire disparaître de son style tout ce qu'on a jugé trop naïf ou trop familier [1]. Ces fautes, et surtout ces altérations volontaires, ont été corrigées avec soin dans l'édition des *Œuvres complètes de Fénelon*, publiées d'après les manuscrits originaux (Paris, J.-A. Lebel, 1820-1830). C'est cette édition [2] que nous avons suivie pour cette réimpression. Nous croyons qu'il faut

---

[1]. Par exemple, dans les Aventures d'Aristonoüs, on a remplacé *se passer de peu* par *se contenter de peu*; dans la fable du Hibou, *l'aigle, reine des airs*, par *l'aigle, roi des airs*; dans l'Histoire d'Alibée, *mécompté* par *étonné*; dans notre conte n° XVI, à la place du mot *bavolet*, on a mis *condition de paysanne*; plus bas, dans le même conte, Féne-lon dit : *Elle était crasseuse, court vêtue, et faite comme un petit torchon qui a traîné dans les cendres*; ces mots, on les a corrigés de la manière suivante : *Elle était crasseuse, court vêtue, avec ses habits sales, qui semblaient avoir été traînés dans les cendres*.

[2]. Le volume où sont les *Fables* a paru en 1823.

toujours se hâter de faire profiter l'enseignement, même le plus élémentaire, des travaux de la critique, et particulièrement des améliorations qu'elle apporte au texte des auteurs.

Jusqu'à présent on a imprimé les *Fables* et les *Contes* de Fénelon, sans aucune espèce d'ordre ni de classification. Il nous a semblé que les morceaux dont se compose ce recueil se divisaient naturellement : 1° en Fables; 2° en Contes de Fées et autres historiettes merveilleuses; 3° en Contes et autres compositions mythologiques. C'est dans cet ordre que nous avons rangé les pièces que renferme ce volume. Elles appartiennent toutes à l'un de ces trois genres, à l'exception des deux dernières, dont l'une est le portrait du *Fantasque*, et l'autre une lettre supposée de Bayle à Fénelon, intitulée *la Médaille*.

La Médaille, aussi bien que la *Chasse de Diane*, manquent dans toutes les éditions classiques que nous avons eues entre les mains. Nous avons aussi enrichi notre édition de deux contes qui ont été publiés, pour la première fois, dans l'édition des *OEuvres complètes* dont nous avons parlé plus haut. Ce sont les contes XVII et XIX. Tous deux, surtout le premier, nous ont paru, au moins pour le style, dignes de Fénelon. Mais on ne trouvera pas dans notre recueil les deux morceaux intitulés *Apollon* et *le Songe mystérieux* : ce sont deux fragments du Télémaque, qui ne sont pas à leur place parmi ces pièces détachées, composées par Fénelon pour l'éducation du duc de Bourgogne.

Fénelon avait écrit la plupart de ces contes pour corriger les défauts de caractère de ce jeune prince. Afin de donner une idée de la méthode d'éducation de l'habile et consciencieux précepteur, nous avons fait suivre cet *Avant-propos* d'un extrait de l'*Histoire de Fénelon*, où le cardinal de Bausset a examiné quelques-unes de ces fables, et nous apprend à quelle occasion et dans quelle vue elles ont dû être composées. Ce sera comme une introduction, qui rendra plus intéressante et plus utile la lecture de ces petites pièces de circonstance, où Fénelon se proposait de former à la fois et le cœur et l'esprit de son élève.

Comme ce livre est un des premiers que l'on mette entre les mains des enfants, et qu'il est important, pour qu'ils le lisent et l'apprennent avec plaisir et profit, qu'ils ne soient pas arrêtés par des mots mythologiques, géographiques, etc., qu'ils ne comprendraient pas, nous avons, dans des notes très-simples et très-courtes, expliqué tous les mots, toutes les allusions qui pourraient les embarrasser. De cette façon, outre l'intérêt que l'étude de ce livre leur offrira par elle-même, outre les leçons qu'ils y trouveront, outre le profit qu'il y aura pour eux à se familiariser avec cette facilité et cette élégance si pleine de goût et de charme, elle les préparera encore, sans fatigue, à la lecture des auteurs grecs et latins, que beaucoup d'entre eux auront plus tard à étudier, et dont Fénelon, dans ces pages légè·res qu'il écrivait en se jouant, s'approprie si bien les grâces et les beautés.

Outre cette édition des *Fables* de Fénelon, nous avons publié un nouveau *Recueil de morceaux choisis* du même auteur, qu'il a été facile de rendre aussi riche qu'intéressant. Cette publication, tout en remplissant les vues du Conseil de l'Instruction publique, qui a prescrit l'étude d'un choix de ce genre dans les classes de sixième et de cinquième, rend service en même temps aux élèves des classes supérieures, qui chercheraient vainement un modèle plus parfait que Fénelon de cette politesse de langage, de cette abondance aisée à la fois et sobre, et surtout de cette simplicité pleine de vérité et de naturel qui convient si bien à notre langue, et qui distingue l'archevêque de Cambrai entre tous nos écrivains.

AVERTISSEMENT

DE L'ÉDITION DE 1875.

Pour cette nouvelle édition, nous avons çà et là retouché les notes, en ayant bien soin de les laisser aussi élémentaires qu'elles doivent l'être pour les jeunes enfants auxquels le livre est destiné, et nous avons revu le texte, avec grande attention, sur celui de 1823 [1], le premier qui ait reproduit fidèlement, nous avons tout lieu de le croire, ce qu'il reste de manuscrits originaux des fables et des contes. Ces originaux, nous aurions bien voulu les pouvoir collationner nous-mêmes ; mais malheureusement, de la bibliothèque du séminaire de Saint-Sulpice, où ils étaient conservés, ils ont été envoyés en province pendant le siége. M. le bibliothécaire, qui, à cette occasion, nous a montré une obligeance dont nous lui sommes très-reconnaissants, n'a pu nous communiquer que les manuscrits des pièces latines, d'après lesquels nous avons eu à faire un petit nombre de corrections. De ces manuscrits, quatre sont de la main de Fénelon ; ce sont les n°ˢ I et II, et les deux pièces : *In Fontani mortem*, et *Fenelonii ad Burgundiæ ducem epistola*.

1. La première édition des *Fables et Contes* est celle qui a paru en 1718, comme appendice au tome II du recueil des *Dialogues*. Les *Aventures d'Aristonoüs* avaient seules été imprimées plusieurs fois avant cette date. Dans cette édition de 1718, le texte a été altéré en maint endroit et il lui manque onze des pièces que donnent l'édition de 1823 et la nôtre. Le *Manuel du libraire* de Brunet indique une édition première des *Fables*, de 1701 ; mais c'est une erreur, qui vient du catalogue Nyon et à laquelle a donné lieu un exemplaire, avec titre postiche au millésime de 1701, de l'appendice d'une édition des *Dialogues*, de 1721. Nous avons vu ledit exemplaire à la bibliothèque de l'Arsenal.

EXTRAIT

DE L'HISTOIRE DE FÉNELON

PAR LE CARDINAL DE BAUSSET [1].

───────────

« L'ENFANT confié aux soins de Fénelon était appelé à régner, et Fénelon voyait dans cet enfant la France entière
qui attendait son bonheur ou son malheur du succès de
ses soins : ainsi il n'eut qu'une seule méthode, celle de
n'en avoir aucune ; ou plutôt il ne se prescrivit qu'une
seule règle, celle d'observer à chaque moment le caractère
du jeune prince, de suivre, avec une attention calme et
patiente, toutes les variations et tous les écarts de ce tempérament fougueux, et de faire toujours ressortir la leçon
de la faute même.

« Une pareille éducation devait être en action bien plus
qu'en instruction : l'élève ne pouvait jamais prévoir la leçon qui l'attendait, parce qu'il ne pouvait prévoir lui-même
les torts dont il se rendait coupable par l'emportement de
son humeur. Ainsi les avis et les reproches étaient toujours le résultat nécessaire et naturel des excès auxquels il
s'était abandonné.

« Si on veut connaître la méthode de Fénelon, et suivre
l'éducation de son élève, on n'a qu'à lire les *Fables* et les
Dialogues qu'il écrivit pour le jeune prince. Chacune de
ces fables, chacun de ces dialogues, fut composé dans le
moment même où l'instituteur le jugeait utile et nécessaire,
pour rappeler à l'élève la faute qu'il venait de commettre,
et lui inculquer, d'une manière plus sensible et plus pré-
cise, la leçon qui devait l'instruire.

« On a imprimé ces fables et ces dialogues sans y observer
un ordre et une suite dont un pareil recueil n'avait en
effet aucun besoin. Fénelon ne les composait, comme on l'a

───────────

1. Tome 1, p. 150-162, livre I.

déjà dit, que pour la circonstance et pour le moment ; mais il serait facile d'en suivre, pour ainsi dire, la chronologie, en les comparant au progrès que l'âge et l'instruction devaient amener dans l'éducation du duc de Bourgogne. On observera que ces fables et ces dialogues ne conviennent qu'à un prince, et à un prince destiné à régner. Tout se rapporte à cet objet presque exclusif; tout se rallie à ce grand intérêt auquel tant d'autres intérêts venaient se réunir. On voit, par la simplicité, la précision et la clarté de quelques-unes de ces fables, qui furent probablement écrites les premières, qu'elles s'adressent à un enfant dont il fallait éviter de fatiguer l'intelligence, et à l'esprit duquel on ne devait présenter que ce qu'il pouvait saisir et conserver.

« Ces *Fables* prennent ensuite un caractère un peu plus élevé ; elles renferment quelques allusions à l'histoire et à la mythologie, à mesure que les progrès de l'instruction mettaient le jeune prince à portée de les saisir et de s'en faire l'application : c'est ainsi que Fénelon le familiarisait peu à peu avec cette ingénieuse féerie que les poëtes de l'antiquité avaient créée pour embellir des couleurs brillantes de leur imagination les premiers événements du monde, et pour suppléer aux faits que la révélation ne leur avait point appris sur la véritable origine des choses.

« Le style de ces *Fables* a toujours une élégance naturelle, qui flatte agréablement l'oreille d'un enfant né avec du goût, et qui contribue à lui donner de bonne heure le sentiment de la convenance, de la propriété et du choix des mots. Elles ont toujours un but moral, mais non pas ce moral vague et indéfini, dont il est difficile qu'un enfant puisse sentir le mérite et l'utilité, puisque rien encore ne l'a placé dans les circonstances où il puisse se reconnaître et se retrouver.

« Les *Fables* que Fénelon écrivait pour le duc de Bourgogne se rapportaient presque toujours à un fait qui venait de se passer, et dont l'impression encore récente ne lui permettait pas d'éluder l'application : c'était un miroir dans lequel il était forcé de se reconnaître, et qui lui offrait souvent des traits peu flatteurs pour son jeune amour-propre. Les vœux les plus tendres, les espérances les plus douces venaient ensuite embellir ces humiliantes images, dans la crainte que l'enfant ne conçût une aversion trop naturelle pour un genre d'instruction qui ne lui aurait jamais rappelé que des souvenirs affligeants ou des reproches sévères. C'était avec cette variété de tons, avec ces ménagements délicats, avec ces nuances imperceptibles, toujours nécessaires pour ne pas irriter l'amour-propre des enfants, presque aussi susceptible que celui des hommes, que Fénelon parvenait à faire goûter au duc de Bourgogne les premiers conseils de la raison et les premières leçons de la vertu.

« S'il veut lui inspirer plus d'aménité dans les manières et plus de douceur dans le caractère, il suppose que le soleil veut respecter le sommeil d'un jeune prince, pour que son sang puisse se rafraîchir, sa bile s'apaiser; pour qu'il puisse obtenir la force et la santé dont il aura besoin, et « je ne sais quelle douceur tendre qui pourrait lui « manquer. Pourvu qu'il dorme, qu'il rie, qu'il adoucisse « son tempérament, qu'il aime les jeux de la société, qu'il « prenne plaisir à aimer les hommes et à se faire aimer « d'eux, toutes les grâces de l'esprit et du corps viendront « en foule pour l'orner [1]. »

« S'il veut l'exciter à mettre plus d'attention à ses études et à apporter plus d'exactitude à ses compositions, il le peint à lui-même sous la figure du jeune Bacchus, peu fidèle aux leçons de Silène, et dont un Faune moqueur relève toutes les fautes en riant. Le jeune Bacchus, ne pouvant souffrir les railleries du Faune, toujours prêt à se moquer de ses expressions, si elles ne sont pures et élégantes, lui dit, d'un ton fier et impatient : « Comment oses-« tu te moquer du fils de Jupiter? » Le Faune répond sans s'émouvoir : « Hé! comment le fils de Jupiter ose-t-il faire « quelque faute [2]? »

« Fénelon veut retracer au duc de Bourgogne, dans une seule fable, tous les défauts de son caractère, et il compose la fable du *Fantasque*. Le duc de Bourgogne est obligé d'y lire la fidèle histoire de toutes ses inégalités et de tous ses emportements. « Qu'est-il donc arrivé de funeste à Mélan-« the, etc. [3]! »

« Ne retrouve-t-on pas dans cette charmante composition toute la finesse d'observation que la Bruyère a mise dans

1. Voyez xxix, p. 100.
2. Voyez xxviii, p. 97.
3. Voyez xxxviii, p. 142.

ses *Caractères?* ne reconnaît-on pas dans ce portrait le
prince dont M. de Saint-Simon nous a peint les premiers
emportements avec des couleurs si effrayantes? Mais la
Bruyère recueillait dans l'observation des hommes réunis
en société tous les traits dont il composait ses tableaux,
après une étude réfléchie et un travail difficile, et Fénelon
peignait son *Fantasque* avec l'aisance, le naturel et l'à-
propos d'un instituteur qui avertit son élève de ses torts
et de ses défauts, au moment même où il le surprend dans
ses écarts. M. de Saint-Simon écrivait ses *Mémoires* dans
le silence de la retraite et dans le secret de son cabinet,
après la mort du prince dont il racontait les faiblesses et
les vertus; et c'était au jeune prince lui-même que Fénelon adressait le fidèle récit de ses travers et de ses extra-
vagances : c'était en le forçant de fixer ses regards sur sa
propre image, qu'il le faisait rougir de ses emportements;
c'était en présence de ceux mêmes qui en avaient été témoins, et dont il ne pouvait démentir l'attachement et la fidé-
lité, qu'il lui apprenait l'art difficile de se vaincre lui-même.

« Fénelon imagina un jour de lire une lettre qu'il suppo-
sait écrite par Bayle, au sujet d'une prétendue médaille
récemment découverte en Hollande, et qui exerçait toute
la sagacité des savants. « Cette médaille représentait un
« enfant d'une figure très-belle et très-noble, etc. [1] »

« A ces utiles leçons, si ingénieusement amenées, succédaient les accents de la plus tendre sensibilité, et Fénelon empruntait la voix du *Rossignol* et de la *Fauvette,* dont
il transportait la douce mélodie dans son style, pour expri-
mer l'intérêt que le ciel, la terre, toute la nature animée
prenaient aux destinées d'un prince appelé par les Dieux
à faire régner parmi les hommes la justice, la paix et le
bonheur : « Quel est donc ce berger, ou ce dieu inconnu,
« qui vient orner notre bocage, etc. [2]? »

« Quelle heureuse influence devaient avoir sur un jeune
prince plein d'âme et d'esprit, des leçons présentées avec
tant de charme par un instituteur qui mêlait à ses instruc-
tions tout ce que la vertu peut offrir de plus aimable et de
plus enchanteur ! »

1. Voyez xxxix, p. 145.
2. Voyez xxx, p. 100.

Voici le portrait du duc de Bourgogne, par le duc de Saint-Simon, dont parle le cardinal de Bausset. On y verra quels effets merveilleux produisit le système d'éducation suivi par Fénelon :

« M. le duc de Bourgogne naquit terrible, et sa première jeunesse fit trembler. Dur et colère jusqu'aux derniers emportements, et jusque contre les choses inanimées ; impétueux avec fureur, incapable de souffrir la moindre résistance, même des heures et des éléments, sans entrer en des fougues à faire craindre que tout ne se rompît dans son corps ; opiniâtre à l'excès, passionné pour toute espèce de volupté... ; il n'aimait pas moins le vin, la bonne chère, la chasse avec fureur, la musique avec une sorte de ravissement, et le jeu encore, où il ne pouvait supporter d'être vaincu, et où le danger avec lui était extrême ; enfin livré à toutes les passions et transporté de tous les plaisirs ; souvent farouche, naturellement porté à la cruauté, barbare en raillerie et à produire les ridicules avec une justesse qui assommait. De la hauteur des cieux, il ne regardait les hommes que comme des atomes avec qui il n'avait aucune ressemblance, quels qu'ils fussent ; à peine Messieurs ses frères lui paraissaient-ils intermédiaires entre lui et le genre humain, quoiqu'on eût toujours affecté de les élever tous trois ensemble dans une égalité parfaite.

« L'esprit, la pénétration brillaient en lui de toutes parts, jusque dans ses furies ; ses réponses étonnaient ; ses raisonnements tendaient toujours au juste et au profond, même dans ses emportements ; il se jouait des connaissances les plus abstraites ; l'étendue et la vivacité de son esprit étaient prodigieuses, et l'empêchaient de s'appliquer à une seule chose à la fois, jusqu'à l'en rendre incapable.

«... Dieu, qui est le maître des cœurs et dont le divin esprit souffle où il veut, fit de ce prince un ouvrage de sa droite, et, entre dix-huit et vingt ans, il accomplit son œuvre. De cet abîme sortit un prince affable, doux, humain, modéré, patient, modeste, pénitent, et, quelquefois au delà de ce que son état pouvait comporter, humble et austère pour soi. Tout appliqué à ses devoirs, et les comprenant immenses, il ne pensa plus qu'à allier les devoirs de fils et de sujet à ceux auxquels il se voyait destiné [1]. »

Mémoires, tome IX, p. 209-212, Hachette, 1873.

L'OURS ET LA CORNEILLE.

FABLES
DE FÉNELON

I

LA PATIENCE ET L'ÉDUCATION CORRIGENT BIEN DES DÉFAUTS.

Une Ourse avait un petit Ours qui venait de naître. Il était horriblement laid. On ne reconnaissait en lui aucune figure d'animal : c'était une masse informe et hideuse. L'Ourse, toute honteuse d'avoir un tel fils, va trouver sa voisine la Corneille, qui faisait un grand bruit par son caquet sous un arbre. « Que ferai-je, lui dit-elle, ma bonne commère, de ce petit monstre? j'ai envie de l'étrangler. — Gardez-vous-en bien, dit la causeuse : j'ai vu d'autres Ourses dans le même embarras que vous. Allez : léchez doucement votre fils ; il sera bientôt joli, mignon, et propre à vous faire honneur. » La mère crut facilement ce qu'on lui disait en faveur de son fils. Elle eut la patience de le lécher longtemps. Enfin il commença à devenir moins difforme, et elle alla remercier la Corneille en ces termes : « Si vous n'eussiez modéré mon impatience, j'aurais cruellement déchiré mon fils, qui fait maintenant tout le plaisir de ma vie. »

O que l'impatience empêche de biens et cause de maux !

II

L'ABEILLE ET LA MOUCHE.

Un jour une Abeille aperçut une Mouche auprès de sa ruche. « Que viens-tu faire ici ? lui dit-elle d'un ton furieux. Vraiment, c'est bien à toi, vil animal, à te mêler avec les reines de l'air ! — Tu as raison, répondit froidement la Mouche : on a toujours tort de s'approcher d'une nation aussi fougueuse que la vôtre. — Rien n'est plus sage que nous, dit l'Abeille : nous seules avons des lois et une république bien policée ; nous ne broutons que des fleurs odoriférantes ; nous ne faisons que du miel délicieux, qui égale le nectar [1]. Ote-toi de ma présence, vilaine Mouche importune, qui ne fais que bourdonner et chercher ta vie sur des ordures. — Nous vivons comme nous pouvons, répondit la Mouche : la pauvreté n'est pas un vice ; mais la colère en est un grand. Vous faites du miel qui est doux, mais votre cœur est toujours amer ; vous êtes sages dans vos lois, mais emportées dans votre conduite. Votre colère, qui pique vos ennemis, vous donne la mort, et votre folle cruauté vous fait plus de mal qu'à personne. Il vaut mieux avoir des qualités moins éclatantes avec plus de modération. »

III

LES DEUX RENARDS.

Deux Renards entrèrent la nuit, par surprise, dans un poulailler ; ils étranglèrent le coq, les pou-

1. Le nectar est le breuvage des Dieux, suivant la Fable.

les et les poulets : après ce carnage, ils apaisèrent leur faim. L'un, qui était jeune et ardent, voulait tout dévorer ; l'autre, qui était vieux et avare, voulait garder quelque provision pour l'avenir. Le vieux disait : « Mon enfant, l'expérience m'a rendu sage ; j'ai vu bien des choses depuis que je suis au monde. Ne mangeons pas tout notre bien en un seul jour. Nous avons fait fortune ; c'est un trésor qne nous avons trouvé, il faut le ménager. » Le jeune répondait : « Je veux tout manger pendant que j'y suis, et me rassasier pour huit jours ; car pour ce qui est de revenir ici, chansons ! il n'y fera pas bon demain; le maître, pour venger la mort de ses poules, nous assommerait. » Après cette conversation, chacun prend son parti. Le jeune mange tant qu'il se crève, et peut à peine aller mourir dans son terrier. Le vieux, qui se croit bien plus sage de modérer ses appétits et de vivre d'économie, veut, le lendemain, retourner à sa proie, et est assommé par le maître.

Ainsi chaque âge a ses défauts : les jeunes gens sont fougueux et insatiables dans leurs plaisirs ; les vieux sont incorrigibles dans leur avarice.

IV

LE LOUP ET LE JEUNE MOUTON.

Des Moutons étaient en sûreté dans leur parc; les chiens dormaient; et le berger, à l'ombre d'un grand ormeau, jouait de la flûte avec d'autres bergers voisins. Un Loup affamé vint, par les fentes de l'enceinte, reconnaître l'état du troupeau. Un jeune Mouton sans expérience, et qui n'avait jamais rien vu, entra en conversation avec lui : «Que venez-vous cher-

cher ici? dit-il au glouton. — L'herbe tendre et fleurie,
lui répondit le Loup. Vous savez que rien n'est plus
doux que de paître dans une verte prairie émaillée
de fleurs, pour apaiser sa faim, et d'aller éteindre sa
soif dans un clair ruisseau : j'ai trouvé ici l'un et
et l'autre. Que faut-il davantage? J'aime la philosophie, qui enseigne à se contenter de peu. — Est-il
donc vrai, repartit le jeune Mouton, que vous ne
mangez point la chair des animaux, et qu'un peu
d'herbe vous suffit? Si cela est, vivons comme
frères et paissons ensemble.» Aussitôt le Mouton sort
du parc dans la prairie, où le sobre philosophe le
mit en pièces et l'avala.

Défiez-vous des belles paroles des gens qui se
vantent d'être vertueux. Jugez-en par leurs actions,
et non par leurs discours.

V

LE DRAGON ET LES RENARDS.

Un Dragon [1] gardait un trésor dans une profonde
caverne; il veillait jour et nuit pour le conserver.
Deux Renards, grands fourbes et grands voleurs de
leur métier, s'insinuèrent auprès de lui par leurs
flatteries. Ils devinrent ses confidents. Les gens les
plus complaisants et les plus empressés ne sont pas
les plus sûrs. Ils le traitaient de grand personnage,
admiraient toutes ses fantaisies, étaient toujours
de son avis, et se moquaient entre eux de leur
dupe. Enfin il s'endormit un jour au milieu d'eux;

1. Animal fabuleux qu'on représente avec des griffes, des
ailes, et une queue de serpent.
Dans les traditions mythologiques, il est souvent chargé de
la garde des trésors. Voyez les
Fables de Phèdre, livre IV, fable
19.

ils l'étranglèrent, et s'emparèrent du trésor. Il fallut le partager entre eux : c'était une affaire bien difficile, car deux scélérats ne s'accordent que pour faire le mal. L'un d'eux se mit à moraliser : « A quoi, disait-il, nous servira tout cet argent? un peu de chasse nous vaudrait mieux : on ne mange point du métal; les pistoles [1] sont de mauvaise digestion. Les hommes sont des fous d'aimer tant ces fausses richesses : ne soyons pas aussi insensés qu'eux. » L'autre fit semblant d'être touché de ces réflexions, et assura qu'il voulait vivre en philosophe comme Bias [2], portant tout son bien sur lui. Chacun fit semblant de quitter le trésor; mais ils se dressèrent des embûches et s'entre-déchirèrent. L'un d'eux, en mourant, dit à l'autre, qui était aussi blessé que lui : « Que voulais-tu faire de cet argent? — La même chose que tu voulais en faire, » répondit l'autre. Un homme passant apprit leur aventure, et les trouva bien fous. « Vous ne l'êtes pas moins que nous, lui dit un des Renards. Vous ne sauriez, non plus que nous, vous nourrir d'argent, et vous vous tuez pour en avoir. Du moins, notre race jusqu'ici a été assez sage pour ne mettre en usage aucune monnaie. Ce que vous avez introduit chez vous pour la commodité fait votre malheur. Vous perdez les vrais biens pour chercher les biens imaginaires. »

---

1. Monnaie d'or étrangère ; en France, terme de compte, marquant une valeur de dix francs.

2. Bias, né à Priène, ville d'Ionie, vers l'an 570 avant Jésus-Christ, était un des sept sages de la Grèce. Les Priéniens, assiégés par un des généraux de Cyrus, s'étaient décidés à quitter leur ville, en emportant ce qu'ils avaient de plus précieux. Comme on s'étonnait que Bias ne fit aucune disposition pour son départ : « Je porte tout avec moi, » s'écria le philosophe.

VI

LES ABEILLES.

Un jeune prince, au retour des zéphyrs, lorsque toute la nature se ranime, se promenait dans un jardin délicieux; il entendit un grand bruit, et aperçut une ruche d'Abeilles. Il s'approche de ce spectacle, qui était nouveau pour lui; il vit avec étonnement l'ordre, le soin et le travail de cette petite république. Les cellules commençaient à se former, et à prendre une figure régulière. Une partie des Abeilles les remplissaient de leur doux nectar[1] : les autres apportaient des fleurs qu'elles avaient choisies entre toutes les richesses du printemps. L'oisiveté et la paresse étaient bannies de ce petit État : tout y était en mouvement, mais sans confusion et sans trouble. Les plus considérables d'entre les Abeilles conduisaient les autres, qui obéissaient sans murmure et sans jalousie contre celles qui étaient au-dessus d'elles. Pendant que le jeune prince admirait cet objet qu'il ne connaissait pas encore, une Abeille, que toutes les autres reconnaissaient pour leur reine, s'approcha de lui et lui dit : « La vue de nos ouvrages et de notre conduite vous réjouit; mais elle doit encore plus vous instruire. Nous ne souffrons point chez nous le désordre ni la licence; on n'est considérable parmi nous que par son travail, et par les talents qui peuvent être utiles à notre république. Le mérite est la seule voie qui élève aux premières places. Nous ne nous occupons nuit et jour qu'à des choses

---

1. Le mot *nectar*, qui signifie proprement, nous l'avons dit, le breuvage des Dieux, se dit figurément de toute liqueur agréable.

dont les hommes retirent toute l'utilité. Puissiez-vous être un jour comme nous, et mettre dans le genre humain l'ordre que vous admirez chez nous! Vous travaillerez par là à son bonheur et au vôtre; vous remplirez la tâche que le destin vous a imposée : car vous ne serez au-dessus des autres que pour les protéger, que pour écarter les maux qui les menacent, que pour leur procurer tous les biens qu'ils ont droit d'attendre d'un gouvernement vigilant et paternel. »

VII

L'ASSEMBLÉE DES ANIMAUX POUR CHOISIR UN ROI.

Le Lion étant mort, tous les animaux accoururent dans son antre, pour consoler la Lionne, sa veuve, qui faisait retentir de ses cris les montagnes et les forêts. Après lui avoir fait leurs compliments, ils commencèrent l'élection d'un roi : la couronne du défunt était au milieu de l'assemblée. Le Lionceau était trop jeune et trop faible pour obtenir la royauté sur tant de fiers animaux. « Laissez-moi croître, disait-il; je saurai bien régner et me faire craindre à mon tour. En attendant, je veux étudier l'histoire des belles actions de mon père, pour égaler un jour sa gloire. — Pour moi, dit le Léopard, je prétends être couronné; car je ressemble plus au Lion que tous les autres prétendants. — Et moi, dit l'Ours, je soutiens qu'on m'avait fait une injustice, quand on me préféra le Lion : je suis fort, courageux, carnassier, tout autant que lui; et j'ai un avantage singulier, qui est de grimper sur les arbres. — Je vous laisse à juger, Messieurs, dit l'Éléphant, si quelqu'un peut me disputer la gloire d'être le plus grand, le plus fort et le plus brave de tous les animaux. — Je suis le plus noble et le plus beau, dit le Cheval. — Et moi, le plus fin, dit le Renard. — Et moi, le plus léger à la course, dit le Cerf. — Où trouverez-vous, dit le Singe, un roi plus agréable et plus ingénieux que moi? Je divertirai chaque jour mes sujets. Je ressemble même à l'homme, qui est le véritable roi de toute la nature. » Le Perroquet alors harangua ainsi : « Puisque tu te vantes de ressembler à l'homme, je puis m'en vanter aussi. Tu ne lui ressembles que par ton laid visage et par quelques grimaces ridicules : pour moi, je lui ressemble par la voix, qui est la marque de la raison et le plus bel ornement de l'homme. — Tais-toi, maudit causeur, lui répondit le Singe ; tu parles, mais non pas comme l'homme : tu dis toujours la même chose, sans entendre ce que tu dis. » L'assemblée se moqua de ces deux mauvais copistes de l'homme, et on donna la couronne à l'Éléphant, parce qu'il a la force et la sagesse, sans avoir ni la cruauté des bêtes furieuses, ni la sotte vanité de tant d'autres qui veulent toujours paraître ce qu'elles ne sont pas.

VIII

LE SINGE.

Un vieux Singe malin étant mort, son ombre descendit dans la sombre demeure de Pluton [1], où elle demanda à retourner parmi les vivants. Pluton voulait la renvoyer dans le corps d'un âne pesant et stupide, pour lui ôter sa souplesse, sa vivacité et sa

1. Frère de Jupiter et roi des Enfers, c'est-à-dire des lieux souterrains où les païens croyaient que les âmes allaient après la mort, pour y être récompensées ou punies.

malice ; mais elle fit tant de tours plaisants et ba-
dins, que l'inflexible roi des Enfers ne put s'empêcher de rire, et lui laissa le choix d'une condition.
Elle demanda à entrer dans le corps d'un Perroquet. « Au moins, disait-elle, je conserverai par là
quelque ressemblance avec les hommes, que j'ai si
longtemps imités. Étant Singe, je faisais des gestes
comme eux ; et étant Perroquet, je parlerai avec
eux dans les plus agréables conversations. » A peine
l'âme du Singe fut introduite dans ce nouveau métier, qu'une vieille femme causeuse l'acheta. Il fit
ses délices ; elle le mit dans une belle cage. Il faisait
bonne chère, et discourait toute la journée avec la
vieille radoteuse, qui ne parlait pas plus sensément
que lui. Il joignait à son nouveau talent d'étourdir
tout le monde je ne sais quoi de son ancienne pro-
fession : il remuait sa tête ridiculement ; il faisait
craquer son bec ; il agitait ses ailes de cent façons,
et faisait de ses pattes plusieurs tours qui sentaient
encore les grimaces de Fagotin [1]. La vieille prenait,
à toute heure ses lunettes, pour l'admirer. Elle
était bien fâchée d'être un peu sourde, et de perdre
quelquefois des paroles de son Perroquet, à qui elle
trouvait plus d'esprit qu'à personne. Ce Perroquet
gâté devint bavard, importun et fou. Il se tour-
menta si fort dans sa cage, et but tant de vin avec
la vieille, qu'il en mourut. Le voilà revenu devant
Pluton, qui voulut cette fois le faire passer dans le
corps d'un poisson, pour le rendre muet ; mais il fit
encore une farce devant le roi des Ombres, et les
princes ne résistent guère aux demandes des mauvais plaisants qui les flattent. Pluton accorda donc
à celui-ci qu'il irait dans le corps d'un homme.
Mais, comme le dieu eut honte de l'envoyer dans le

1. On nomme *fagotins* les singes habillés que les opéra- | teurs, les charlatans ont avec eux sur leur théâtre.

corps d'un homme sage et vertueux, il le destina au
corps d'un harangueur ennuyeux et importun, qui
mentait, qui se vantait sans cesse, qui faisait des
gestes ridicules, qui se moquait de tout le monde,
qui interrompait toutes les conversations les plus
polies et les plus solides, pour dire des riens ou les
sottises les plus grossières. Mercure [1], qui le reconnut dans ce nouvel état, lui dit en riant : « Ho !
ho ! je te reconnais ; tu n'es qu'un composé du Singe
et du Perroquet que j'ai vus autrefois. Qui t'ôterait
les gestes et tes paroles apprises par cœur sans juge-
ment, ne laisserait rien de toi. D'un joli Singe et
d'un bon Perroquet, on n'en fait qu'un sot homme. »

O combien d'hommes dans le monde, avec des
gestes façonnés, un petit caquet et un air capable,
n'ont ni sens ni conduite !

IX

LE HIBOU.

Un jeune Hibou, qui s'était vu dans une fontaine,
et qui se trouvait plus beau, je ne dirai pas que le
jour, car il le trouvait fort désagréable, mais que la
nuit, qui avait de grands charmes pour lui, disait en
lui-même : «J'ai sacrifié aux Grâces [2] ; Vénus [3] a mis
sur moi sa ceinture dans ma naissance ; les tendres

---

1. Mercure, fils de Jupiter et
de Maïa, était le messager des
Dieux. C'était lui qui conduisait
les âmes des morts dans les Enfers.

2. Les Grâces étaient trois
déesses, compagnes de Vénus.
Leur pouvoir s'étendait à tout ce
qui fait l'agrément et le charme
de la vie.

3. Mère de l'Amour, déesse de
la beauté. Elle avait une ceinture où étaient renfermés les désirs, les attraits et les grâces, et
qui gagnait les cœurs à qui la
portait ; Junon la lui emprunta
pour se faire aimer de Jupiter.
Vénus était toujours accompagnée des Amours, des Grâces,
des Ris, des Jeux, des Plaisirs
et des Attraits.

Amours, accompagnés des Jeux et des Ris, voltigent autour de moi pour me caresser. Il est temps que le blond Hyménée [1] me donne des enfants gracieux comme moi; ils seront l'ornement des bocages et les délices de la nuit. Quel dommage que la race des plus parfaits oiseaux se perdît! heureuse l'épouse qui passera sa vie à me voir!» Dans cette pensée, il envoie la Corneille demander de sa part une petite Aiglonne, fille de l'Aigle, reine des airs [2]. La Corneille avait peine à se charger de cette ambassade: «Je serai mal reçue, disait-elle, de proposer un mariage si mal assorti. Quoi? l'Aigle, qui ose regarder fixement le soleil, se marierait avec vous qui ne sauriez seulement ouvrir les yeux tandis qu'il est jour! c'est le moyen que les deux époux ne soient jamais ensemble; l'un sortira le jour, et l'autre la nuit.» Le Hibou, vain et amoureux de lui-même, n'écouta rien. La Corneille, pour le contenter, alla enfin demander l'Aiglonne. On se moqua de sa folle demande. L'Aigle lui répondit: «Si le Hibou veut être mon gendre, qu'il vienne, après le lever du soleil, me saluer au milieu de l'air.» Le Hibou présomptueux y voulut aller. Ses yeux furent d'abord éblouis; il fut aveuglé par les rayons du soleil, et tomba du haut de l'air sur un rocher. Tous les oiseaux se jetèrent sur lui, et lui arrachèrent ses plumes. Il fut trop heureux de se cacher dans son trou, et d'épouser la Chouette, qui fut une digne dame du lieu. Leur hymen fut célébré la nuit, et ils se trouvèrent l'un et l'autre très-beaux et très-agréables.

Il ne faut rien chercher au-dessus de soi, ni se flatter sur ses avantages.

---

1. Dieu qui présidait au mariage. Il était fils de Bacchus et de Vénus. On le représentait sous la figure d'un jeune homme blond, couronné de roses et tenant un flambeau à la main.

2. Le mot *aigle* était autrefois des deux genres. La Fontaine a dit de même, livre XII, fable 11 : *l'Aigle, reine des airs*.

X

LES DEUX LIONCEAUX.

Deux Lionceaux avaient été nourris ensemble dans la même forêt : ils étaient de même âge, de même taille, de mêmes forces. L'un fut pris dans de grands filets, à une chasse du Grand Mogol [1]; l'autre demeura dans des montagnes escarpées. Celui qu'on avait pris fut mené à la Cour, où il vivait dans les délices : on lui donnait chaque jour une gazelle à manger ; il n'avait qu'à dormir dans une loge où on avait soin de le faire coucher mollement. Un eunuque blanc avait soin de peigner deux fois le jour sa longue crinière dorée. Comme il était apprivoisé, le Roi même le caressait souvent. Il était gras, poli, de bonne mine, et magnifique ; car il portait un collier d'or, et on lui mettait aux oreilles des pendants garnis de perles et de diamants : il méprisait tous les autres lions qui étaient dans des loges voisines, moins belles que la sienne, et qui n'étaient pas en faveur comme lui. Ces prospérités lui enflèrent le cœur : il crut être un grand personnage, puisqu'on le traitait si honorablement. La Cour où il brillait lui donna le goût de l'ambition ; il s'imaginait qu'il aurait été un héros, s'il eût habité les forêts. Un jour, comme on ne l'attachait plus à sa chaîne, il s'enfuit du palais, et retourna dans le pays où il avait été nourri. Alors le roi de toute la nation lionne venait de mourir, et on avait assemblé les États pour lui choisir un successeur. Parmi beaucoup de prétendants, il y en avait un qui effaçait

---

1. C'était le nom qu'on donnait aux chefs de la dynastie mongole, issue de Tamerlan, | qui régna dans l'Indostan depuis 1505 jusque vers la fin du XVIIIe siècle.

tous les autres par sa fierté et par son audace : c'était
cet autre Lionceau qui n'avait point quitté les dé-
serts. Pendant que son compagnon avait fait fortune à la Cour, le solitaire avait souvent aiguisé son
courage par une cruelle faim ; il était accoutumé à
ne se nourrir qu'au travers des plus grands périls
et par des carnages ; il déchirait et troupeaux et
bergers. Il était maigre, hérissé, hideux ; le feu et
le sang sortaient de ses yeux ; il était léger, ner-
veux, accoutumé à grimper, à s'élancer, intrépide
contre les épieux et les dards. Les deux anciens
compagnons demandèrent le combat, pour décider
qui régnerait. Mais une vieille Lionne, sage et expé-
rimentée, dont toute la République [1] respectait les
conseils, fut d'avis de mettre d'abord sur le trône
celui qui avait étudié la politique à la Cour. Bien des
gens murmuraient, disant qu'elle voulait qu'on pré-
férât un personnage vain et voluptueux à un guerrier
qui avait appris, dans la fatigue et dans les périls,
à soutenir les grandes affaires. Cependant l'autorité
de la vieille Lionne prévalut : on mit sur le trône le
Lion de Cour. D'abord il s'amollit dans les plaisirs ;
il n'aima que le faste ; il usait de souplesse et de ruse,
pour cacher sa cruauté et sa tyrannie. Bientôt il fut
haï, méprisé, détesté. Alors la vieille Lionne dit : « Il
est temps de le détrôner. Je savais bien qu'il était
indigne d'être roi ; mais je voulais que vous en
eussiez un gâté par la mollesse et par la politique,
pour vous mieux faire sentir ensuite le prix d'un
autre qui a mérité la royauté par sa patience et par
sa valeur. C'est maintenant qu'il faut les faire com-
battre l'un contre l'autre. » Aussitôt on les mit dans
un champ clos, où les deux champions servirent de
spectacle à l'assemblée. Mais le spectacle ne fut pas
long : le Lion amolli tremblait, et n'osait se présen-

1. La *République*, au sens du latin *respublica*, l'État.

ter à l'autre ; il fuit honteusement, et se cache ;
l'autre le poursuit et lui insulte. Tous s'écrièrent :
« Il faut l'égorger et le mettre en pièces. » Non, non,
répondit-il ; quand on a un ennemi si lâche, il y
aurait de la lâcheté à le craindre. Je veux qu'il vive ;
il ne mérite pas de mourir. Je saurai bien régner
sans m'embarrasser de le tenir soumis. — En effet,
le vigoureux Lion régna avec sagesse et autorité.
L'autre fut très-content de lui faire bassement sa
cour, d'obtenir de lui quelques morceaux de chair,
et de passer sa vie dans une oisiveté honteuse.

XI

LE RENARD PUNI DE SA CURIOSITÉ.

Un Renard des montagnes d'Aragon [1], ayant vieilli
dans la finesse, voulut donner ses derniers jours à
la curiosité. Il prit le dessein d'aller voir en Castille [2]
le fameux Escurial [3], qui est le palais des rois d'Espagne, bâti par Philippe II [4]. En arrivant, il fut surpris, car il était peu accoutumé à la magnificence :
jusqu'alors il n'avait vu que son terrier et le poulailler d'un fermier voisin, où il était d'ordinaire
assez mal reçu. Il voit là des colonnes de marbre,
là des portes d'or, des bas-reliefs de diamant. Il entra dans plusieurs chambres, dont les tapisseries

1. L'Aragon est une province
du nord de l'Espagne ; elle a
pour chef-lieu Saragosse.

2. La vieille Castille et la nouvelle Castille sont deux provinces d'Espagne, dont la première a pour chef-lieu Burgos et
la seconde Madrid.

3. Le palais de l'Escurial, à 8

lieues nord-ouest de Madrid, fut
bâti par Philippe II, en souvenir
de la victoire que les Espagnols
remportèrent sur les Français,
près de Saint-Quentin, en 1557.

4. Philippe II, roi d'Espagne,
fils de Charles-Quint, monta sur
le trône en 1556 et mourut en
1598.

étaient admirables : on y voyait des chasses, des combats, des fables où les Dieux se jouaient parmi les hommes ; enfin l'histoire de don Quichotte[1], où Sancho, monté sur son grison, allait gouverner l'île que le duc lui avait confiée[2]. Puis il aperçut des cages où l'on avait renfermé des lions et des léopards. Pendant que le Renard regardait ces merveilles, deux chiens du palais l'étranglèrent. Il se trouva mal de sa curiosité.

XII

LE CHAT ET LES LAPINS.

Un Chat, qui faisait le modeste, était entré dans une garenne peuplée de Lapins. Aussitôt toute la république alarmée ne songea qu'à s'enfoncer dans ses trous. Comme le nouveau venu était au guet auprès d'un terrier, les députés de la nation lapine, qui avaient vu ses terribles griffes, comparurent dans l'endroit le plus étroit de l'entrée du terrier, pour lui demander ce qu'il prétendait. Il protesta, d'une voix douce, qu'il voulait seulement étudier les mœurs de la nation ; qu'en qualité de philosophe il allait dans tous les pays pour s'informer des coutu-

---

1. *L'ingénieux chevalier don Quichotte de la Manche* est le héros d'un roman de Cervantes, que Walter Scott appelle avec raison un des chefs-d'œuvre de l'esprit humain. — *Sancho Pança* est le nom de l'écuyer de don Quichotte. Il n'est pas besoin d'avertir que ces tapisseries où l'on voit don Quichotte et Sancho ne datent point de Philippe II : le roman ne parut qu'après sa mort, la première partie en 1602, la seconde en 1615.

2. L'île de Barataria. C'est une allusion à l'un des épisodes les plus plaisants du roman de *don Quichotte*.

mes de chaque espèce d'animaux. Les députés, simples et crédules, retournèrent dire à leurs frères que

LE CHAT ET LES LAPINS.

cet étranger, si vénérable par son maintien modeste et par sa majestueuse fourrure, était un philosophe,

sobre, désintéressé, pacifique, qui voulait seulement rechercher la sagesse de pays en pays; qu'il
venait de beaucoup d'autres lieux où il avait vu de
grandes merveilles; qu'il y aurait bien du plaisir à
l'entendre, et qu'il n'avait garde de croquer les lapins, puisqu'il croyait en bon bramin [1] la métempsycose [2], et ne mangeait d'aucun aliment qui eût eu
vie. Ce beau discours toucha l'assemblée. En vain
un vieux lapin rusé, qui était le docteur de la
troupe, représenta combien ce grave philosophe lui
était suspect : malgré lui on va saluer le bramin,
qui étrangla du premier salut sept ou huit de ces
pauvres gens. Les autres regagnent leurs trous,
bien effrayés, et bien honteux de leur faute. Alors
dom Mitis [3] revint à l'entrée du terrier, protestant
d'un ton plein de cordialité, qu'il n'avait fait ce
meurtre que malgré lui, pour son pressant besoin ;
que désormais il vivrait d'autres animaux et ferait
avec eux une alliance éternelle. Aussitôt les Lapins
entrent en négociation avec lui, sans se mettre
néanmoins à la portée de sa griffe. La négociation
dure, on l'amuse. Cependant un Lapin des plus agi-
les sort par les derrières du terrier, et va avertir
un berger voisin, qui aimait à prendre dans un lacs
de ces Lapins nourris de genièvre. Le berger, irrité
contre ce Chat exterminateur d'un peuple si utile,
accourt au terrier avec un arc et des flèches : il

1. *Bramin*, et mieux *brahmane*, nom donné à ceux qui
forment la première des quatre
grandes castes dans lesquelles
sont divisés les Indous.

2. On appelle *métempsycose* le
passage d'une âme dans un corps
autre que celui qu'elle animait.
L'opinion de la métempsycose,
soutenue chez les Grecs par Py-
thagore, est un des dogmes religieux des Indous. Voyez plus
bas, XIV, p. 35.

3. *Dom*, du latin *dominus*, est
un titre d'honneur que l'on joint
au nom propre des membres de
certains ordres religieux, tels
que les bénédictins, etc. — *Mitis* est un mot latin qui signifie
proprement *doux*.

aperçoit le Chat qui n'était attentif qu'à sa proie ;
il le perce d'une de ses flèches, et le Chat expirant
dit ces dernières paroles : « Quand on a une fois
trompé, on ne peut plus être cru de personne ; on
est haï, craint, détesté ; et on est enfin attrapé par
ses propres finesses. »

XIII

LE PIGEON PUNI DE SON INQUIÉTUDE.

Deux Pigeons vivaient ensemble dans un colombier, avec une paix profonde. Ils fendaient l'air de
leurs ailes, qui paraissaient immobiles par leur rapidité. Ils se jouaient en volant l'un auprès de l'autre,
se fuyant et se poursuivant tour à tour ; puis ils allaient chercher du grain dans l'aire du fermier ou
dans les prairies voisines. Aussitôt ils allaient se
désaltérer dans l'onde pure d'un ruisseau qui coulait
au travers de ces prés fleuris. De là ils revenaient
voir leurs pénates [1] dans le colombier blanchi et
plein de petits trous : ils y passaient le temps dans
une douce société avec leurs fidèles compagnes.
Leurs cœurs étaient tendres, le plumage de leurs
cous était changeant, et peint d'un plus grand
nombre de couleurs que l'inconstante Iris [2]. On entendait le doux murmure de ces heureux pigeons,

1. Le mot *pénates*, qui désigne
proprement les dieux domestiques des anciens Romains,
s'emploie au figuré pour signi-
fier l'habitation, la demeure de
quelqu'un.
  2. *Iris* est le nom mythologique
du météore qu'on appelle vul-
gairement l'arc-en-ciel. *Iris* était
la messagère des Dieux, particulièrement celle de Junon, la
déesse de l'air, par qui elle
était chargée de nourrir d'eau
les nuages.

et leur vie était délicieuse. L'un d'eux, se dégoûtant des plaisirs d'une vie paisible, se laissa séduire par une folle ambition, et livra son esprit aux projets de la politique. Le voilà qui abandonne son ancien ami : il part, il va du côté du Levant. Il passe au-dessus de la mer Méditerranée [1], et vogue avec ses ailes dans les airs, comme un navire avec ses voiles dans les ondes de Téthys [2]. Il arrive à Alexandrette [3] ; de là il continue son chemin, traversant les terres jusques à Alep [4]. En y arrivant, il salue les autres pigeons de la contrée, qui servent de courriers réglés, et il envie leur bonheur. Aussitôt il se répand parmi eux un bruit, qu'il est venu un étranger de leur nation, qui a traversé des pays immenses. Il est mis au rang des courriers : il porte toutes les semaines les lettres d'un bacha [5], attachées à son pied, et il fait vingt-huit lieues en moins d'une journée. Il est orgueilleux de porter les secrets de l'État, et il a pitié de son ancien compagnon, qui vit sans gloire dans les trous de son colombier. Mais un jour, comme il portait des lettres du bacha, soupçonné d'infidélité par le Grand Seigneur [6], on voulut découvrir, par les lettres de ce bacha, s'il n'avait point quelque intelligence se-

---

1. On donne le nom de *Méditerranée*, c'est-à-dire mer située entre les terres, à la mer qui est entre l'Europe, l'Afrique et l'Asie, et qui communique avec l'Océan par le détroit de Gibraltar.

2. *Téthys*, qu'il ne faut pas confondre avec *Thétis*, mère d'Achille, est la fille du Ciel et de la Terre, et la femme de l'Océan. Ce nom propre est souvent employé par les poëtes comme nom commun, dans le sens de *mer*, *océan*.

3. *Alexandrette*, petite ville de Syrie, située à l'angle nord-est de la Méditerranée, à 124 kilomètres nord-nord-ouest d'Alep, à laquelle elle sert de port.

4. *Alep*, l'ancienne Béroé, ville de Syrie, capitale du pachalik du même nom.

5. *Bacha* ou *pacha*, titre d'honneur qui se donne, en Turquie, à des personnes considérables, particulièrement aux gouverneurs de provinces.

6. On appelle *Grand Seigneur*, le sultan qui règne à Constantinople.

crète avec les officiers du roi de Perse [1] : une flèche
tirée perce le pauvre Pigeon, qui d'une aile traî-
nante se soutient encore un peu, pendant que son
sang coule. Enfin il tombe, et les ténèbres de la
mort couvrent déjà ses yeux : pendant qu'on lui ôte
les lettres pour les lire, il expire plein de douleur,
condamnant sa vaine ambition, et regrettant le
doux repos de son colombier, où il pouvait vivre en
sûreté avec son ami.

XIV

LES DEUX SOURIS.

Une Souris, ennuyée de vivre dans les périls et
dans les alarmes, à cause de Mitis et de Rodilardus [2],
qui faisaient grand carnage de la nation souri-
quoise [3], appela sa commère, qui était dans un trou
de son voisinage. « Il m'est venu, lui dit-elle, une
bonne pensée. J'ai lu, dans certains livres que je
rongeais ces jours passés, qu'il y a un beau pays,
nommé les Indes [4], où notre peuple est mieux traité
et plus en sûreté qu'ici. En ce pays-là, les sages
croient que l'âme d'une souris a été autrefois l'âme
d'un grand capitaine, d'un roi, d'un merveilleux
fakir [5], et qu'elle pourra, après la mort de la souris,

1. *Perse,* nom d'un vaste empire de l'Asie, qui a été souvent
en guerre avec les Turcs.

2. *Mitis,* voyez xii, p. 31,
note 3. — *Rodilardus* est formé
de deux mots latins et signifie
proprement *ronge-lard.*

3. Mot forgé par La Fontaine
(livre iv, *fable* 6).
    On nomme *Indes orientales,*

ou *Indostan,* un vaste empire de
l'Asie, qui se divise en deux
grandes presqu'îles, dont l'une
est en deçà et l'autre au delà
du Gange. Les Anglais en pos-
sèdent aujourd'hui la plus grande
partie.

5. *Fakir* ou *Faquir,* espèce de
religieux mahométan, qui court
le pays en vivant d'aumônes.

entrer dans le corps de quelque belle dame ou de quelque grand pandiar [1]. Si je m'en souviens bien, cela s'appelle *métempsycose* [2]. Dans cette opinion, ils traitent tous les animaux avec une charité fraternelle : on voit des hôpitaux de souris [3], qu'on met en pension, et qu'on nourrit comme personnes de mérite. Allons, ma sœur, partons pour un si beau pays où la police est si bonne, et où l'on fait justice à notre mérite. » La commère lui répondit : « Mais, ma sœur, n'y a-t-il point de chats qui entrent dans ces hôpitaux? Si cela était, ils feraient, en peu de temps, bien des métempsycoses; un coup de dent ou de griffe ferait un roi ou un fakir : merveille dont nous nous passerions très-bien. —Ne craignez point cela, dit la première; l'ordre est parfait dans ce pays-là : les chats ont leurs maisons, comme nous les nôtres, et ils ont aussi leurs hôpitaux d'invalides, qui sont à part. » Sur cette conversation, nos deux Souris partent ensemble; elles s'embarquent dans un vaisseau qui allait faire un voyage de long cours [4], en se coulant le long des cordages le soir de la veille de l'embarquement. On part; elles sont ravies de se voir sur la mer, loin des terres maudites où les chats exerçaient leur tyrannie. La navigation fut heureuse; elles arrivent à Surate [5], non pour amas-

1. On appelle *pandiar*, ou mieux *pandit*, un docteur, un savant, un brahmane qui a étudié les Védas et qui les enseigne à ses disciples.

2. *Métempsycose*, voyez plus haut, xii, p. 31, note 2.

3. Le lieutenant Alex. Burnes raconte, dans le *Journal de la Société royale asiatique de Londres* (juillet 1834), qu'il a vu à Surate, en 1823, un hôpital pour les animaux vieux ou infirmes, et à Anjar un grand établis-sement où l'on gardait et nourrissait environ 5,000 rats. Il y a des établissements semblables dans presque toutes les grandes villes de la côte occidentale de l'Inde.

4. On appelle *voyage de long cours*, un voyage par mer dont le terme est fort éloigné.

5. *Surate*, grande ville située sur la rive méridionale du Tapti, et appartenant au Guzarate, province de l'Inde anglaise, dans la présidence de Bombay.

ser des richesses, comme les marchands, mais pour se faire bien traiter par les Indous. A peine furent-elles entrées dans une maison destinée aux souris, qu'elles y prétendirent les premières places. L'une prétendait se souvenir d'avoir été autrefois un fameux bramin [1] sur la côte de Malabar [2]; l'autre protestait qu'elle avait été une belle dame du même pays avec de longues oreilles. Elles firent tant les insolentes, que les souris indiennes ne purent les souffrir. Voilà une guerre civile. On donna sans quartier sur ces deux Franguis [3], qui voulaient faire la loi aux autres : au lieu d'être mangées par les chats, elles furent étranglées par leurs propres sœurs.

On a beau aller loin pour éviter le péril; si on n'est modeste et sensé, on va chercher son malheur bien loin : autant vaudrait-il le trouver chez soi.

XV

LE LIÈVRE QUI FAIT LE BRAVE.

Un Lièvre, qui était honteux d'être poltron, cherchait quelque occasion de s'aguerrir. Il allait quelquefois, par un trou d'une haie, dans les choux du jardin d'un paysan, pour s'accoutumer au bruit du village. Souvent même il passait assez près de quelques mâtins, qui se contentaient d'aboyer après lui. Au retour de ces grandes expéditions, il se croyait plus redoutable qu'Alcide [4] après tous ses travaux.

1. *Bramin.* Voyez plus haut, xii, p. 31, note 1.

2. *Malabar*, province considérable de l'Indostan, conquise en 1730 par les Anglais.

3. Les Orientaux donnent généralement aux Européens le nom de Francs. L'orthographe adoptée par Fénelon (*Franguis*) reproduit assez exactement la prononciation du sud de l'Inde.

4. *Alcide.* On appelait ainsi Hercule, probablement du nom d'Alcée, père d'Amphitryon.

On dit même qu'il ne rentrait dans son gîte qu'avec des feuilles de laurier, et faisait l'ovation [1]. Il vantait ses prouesses à ses compères les lièvres voisins. Il représentait les dangers qu'il avait courus, les alarmes qu'il avait données aux ennemis, les ruses de guerre qu'il avait faites en expérimenté capitaine, et surtout son intrépidité héroïque. Chaque matin il remerciait Mars et Bellone [2] de lui avoir donné des talents et un courage pour dompter toutes les nations à longues oreilles. Jean Lapin, discourant un jour avec lui, lui dit d'un ton moqueur : « Mon ami, je te voudrais voir avec cette belle fierté au milieu d'une meute de chiens courants. Hercule [3] fuirait bien vite, et ferait une laide contenance. — Moi, répondit notre preux chevalier, je ne reculerais pas, quand toute la gent chienne viendrait m'attaquer. » A peine eut-il parlé, qu'il entendit un petit tournebroche [4] d'un fermier voisin, qui glapissait dans les buissons assez loin de lui. Aussitôt il tremble, il frissonne, il a la fièvre ; ses yeux se troublent comme ceux de Pâris quand il vit Ménélas [5]

---

1. *Ovation* (du mot latin *ovis*, brebis), espèce de triomphe chez les Romains, où le triomphateur entrait dans la ville à pied ou à cheval, et sacrifiait une brebis. Ce mot s'emploie souvent, de même que *triomphe*, dans un sens figuré.

2. *Mars* était le dieu et *Bellone* la déesse de la guerre.

3. *Hercule*, fils de Jupiter et d'Alcmène, célèbre par ses nombreux exploits et surtout par les douze travaux que lui avait prescrits Eurysthée, roi des Argiens, fut mis, après sa mort, au nombre des Dieux, qui lui donnèrent pour femme Hébé, déesse de la jeunesse.

4. On nommait ainsi le chien qu'on mettait dans une roue pour faire tourner la broche.

5. *Ménélas*, fils d'Atrée, frère d'Agamemnon, et roi de Lacédémone, avait épousé Hélène, que Pâris, fils de Priam, vint lui enlever : ce qui fut cause du fameux siége de Troie Homère, au livre III de l'*Iliade* (vers 30-37), nous représente Pâris frappé de terreur, et prenant la fuite en toute hâte, à la vue de Ménélas, qu'il aperçoit à la tête des combattants. Il le compare à un homme qui tout à coup voit un serpent dans le creux d'un vallon et recule pâle et tremblant.

qui venait ardemment contre lui. Il se précipite
d'un rocher escarpé dans une profonde vallée,
où il pensa se noyer dans un ruisseau. Jean Lapin,
le voyant faire le saut, s'écria de son terrier : « Le
voilà ce foudre de guerre ! Le voilà cet Hercule qui
doit purger la terre de tous les monstres dont elle
est pleine ! »

XVI

HISTOIRE D'UNE VIEILLE REINE ET D'UNE JEUNE
PAYSANNE.

Il était une fois une Reine si vieille, si vieille,
qu'elle n'avait plus ni dents ni cheveux : sa tête
branlait comme les feuilles que le vent remue ; elle
ne voyait goutte, même avec ses lunettes ; le bout
de son nez et celui de son menton se touchaient ;
elle était rapetissée de la moitié, et toute en un
peloton, avec le dos si courbé, qu'on aurait cru
qu'elle avait toujours été contrefaite. Une Fée, qui
avait assisté à sa naissance, l'aborda, et lui dit :
« Voulez-vous rajeunir ? — Volontiers, répondit la
Reine : je donnerais tous mes joyaux pour n'avoir
que vingt ans. — Il faut donc, continua la Fée, donner
votre vieillesse à quelque autre, dont vous prendrez
la jeunesse et la santé. A qui donnerons-nous vos
cent ans ? » La Reine fit chercher partout quelqu'un
qui voulût être vieux pour la rajeunir. Il vint beaucoup de gueux qui voulaient vieillir pour être riches ; mais, quand ils avaient vu la Reine tousser,
cracher, râler, vivre de bouillie, être sale, hideuse,
puante, souffrante, et radoter un peu, ils ne voulaient plus se charger de ses années : ils aimaient
mieux mendier, et porter des haillons. Il venait

aussi des ambitieux, à qui elle promettait de grands
rangs et de grands honneurs. « Mais que faire de ces
rangs? disaient-ils après l'avoir vue; nous n'ose-
rions nous montrer étant si dégoûtants et si horri-
bles. » Mais enfin il se présenta une jeune fille de
village, belle comme le jour, qui demanda la couronne pour prix de sa jeunesse; elle se nommait
Péronnelle. La Reine s'en fâcha d'abord : mais que
faire? à quoi sert-il de se fâcher? elle voulait rajeunir. « Partageons, dit-elle à Péronnelle, mon
royaume; vous en aurez une moitié, et moi l'autre :
c'est bien assez pour vous qui êtes une petite
paysanne. — Non, répondit la fille, ce n'est pas assez
pour moi : je veux tout. Laissez-moi mon bavolet [1],
avec mon teint fleuri; je vous laisserai vos cent ans,
avec vos rides et la mort qui vous talonne. — Mais
aussi, répondit la Reine, que ferais-je, si je n'avais
plus de royaume? — Vous ririez, vous danseriez, vous
chanteriez comme moi, » lui dit cette fille. En parlant ainsi, elle se mit à rire, à danser et à chanter.
La Reine, qui était bien loin d'en faire autant, lui
dit : « Que feriez-vous en ma place? Vous n'êtes point
accoutumée à la vieillesse. — Je ne sais pas, dit la
Paysanne, ce que je ferais; mais je voudrais bien
l'essayer; car j'ai toujours ouï dire qu'il est beau
d'être reine. » Pendant qu'elles étaient en marché,
la Fée survint, qui dit à la Paysanne : « Voulez-vous
faire votre apprentissage de vieille reine, pour savoir si ce métier vous accommodera? — Pourquoi
non? » dit la fille. A l'instant les rides couvrent son
front; ses cheveux blanchissent; elle devient gron-
deuse et rechignée; sa tête branle et toutes ses
dents aussi; elle a déjà cent ans. La Fée ouvre une
petite boîte, et en tire une foule d'officiers et de
courtisans richement vêtus, qui croissent à mesure

---

1. Sorte de coiffure villageoise.

qu'ils en sortent, et qui rendent mille respects à la nouvelle reine. On lui sert un grand festin ; mais elle est dégoûtée, et ne saurait mâcher ; elle est honteuse et étonnée ; elle ne sait ni que dire ni que faire ; elle tousse à crever ; elle crache sur son menton ; elle a au nez une roupie gluante, qu'elle essuie avec sa manche ; elle se regarde au miroir, et se trouve plus laide qu'une guenuche [1]. Cependant la véritable Reine était dans un coin, qui riait, et qui commençait à devenir jolie : ses cheveux revenaient, et ses dents aussi ; elle reprenait un bon teint frais et vermeil ; elle se redressait avec mille petites façons ; mais elle était crasseuse, court vêtue, et faite comme un petit torchon qui a traîné dans les cendres. Elle n'était pas accoutumée à cet équipage ; et les gardes, la prenant pour quelque servante de cuisine, voulaient la chasser du palais. Alors Péronnelle lui dit : « Vous voilà bien embarrassée de n'être plus reine, et moi encore davantage de l'être ; tenez, voilà votre couronne ; rendez-moi ma cotte grise. » L'échange fut aussitôt fait ; et la Reine de revieillir, et la Paysanne de rajeunir. A peine le changement fut fait, que toutes deux s'en repentirent ; mais il n'était plus temps. La Fée les condamna à demeurer chacune dans sa condition. La Reine pleurait tous les jours. Dès qu'elle avait mal au bout du doigt, elle disait : « Hélas ! si j'étais Péronnelle, à l'heure que je parle, je serais logée dans une chaumière, et je vivrais de châtaignes ; mais je danserais sous l'orme avec les bergers au son de la flûte. Que me sert d'avoir un beau lit, où je ne fais que souffrir, et tant de gens, qui ne peuvent me soulager ? » Ce chagrin augmenta ses maux ; les médecins, qui étaient sans cesse douze autour d'elle, les augmentèrent aussi. Enfin elle mourut au bout

---

1. Petite guenon.

de deux mois. Péronnelle faisait une danse ronde le long d'un clair ruisseau avec ses compagnes, quand elle apprit la mort de la Reine : alors elle reconnut qu'elle avait été plus heureuse que sage d'avoir perdu la royauté. La Fée revint la voir, et lui donna à choisir de trois maris : l'un, vieux, chagrin, désagréable, jaloux et cruel, mais riche, puissant, et très-grand seigneur, qui ne pourrait ni jour ni nuit se passer de l'avoir auprès de lui; l'autre, bien fait, doux, commode, aimable et d'une grande naissance, mais pauvre et malheureux en tout; le dernier, paysan comme elle, qui ne serait ni beau ni laid, qui ne l'aimerait ni trop ni trop peu, qui ne serait ni riche ni pauvre. Elle ne savait lequel prendre; car naturellement elle aimait fort les beaux habits, les équipages et les grands honneurs. Mais la Fée lui dit : « Allez, vous êtes une sotte. Voyez-vous ce paysan? voilà le mari qu'il vous faut. Vous aimeriez trop le second; vous seriez trop aimée du premier; tous deux vous rendraient malheureuse : c'est bien assez que le troisième ne vous batte point. Il vaut mieux danser sur l'herbe ou sur la fougère que dans un palais, et être Péronnelle au village, qu'une dame malheureuse dans le beau monde. Pourvu que vous n'ayez aucun regret aux grandeurs, vous serez heureuse avec votre laboureur, toute votre vie. »

XVII

HISTOIRE DE LA REINE GISÈLE ET DE LA FÉE CORYSANTE.

Il était une fois une Reine nommée Gisèle, qui avait beaucoup d'esprit et un grand royaume. Son

palais était tout de marbre ; le toit était d'argent ;
tous les meubles qui sont ailleurs de fer ou de cuivre étaient couverts de diamants. Cette Reine était
fée ; et elle n'avait qu'à faire des souhaits, aussitôt
tout ce qu'elle voulait ne manquait pas d'arriver. Il
n'y avait qu'un seul point qui ne dépendait pas
d'elle : c'est qu'elle avait cent ans, et elle ne pouvait
se rajeunir. Elle avait été plus belle que le jour, et
elle était devenue si laide et si horrible, que les
gens mêmes qui venaient lui faire la cour cherchaient, en lui parlant, des prétextes pour tourner la
tête, de peur de la regarder. Elle était toute courbée, tremblante, boiteuse, ridée, crasseuse, chas-
sieuse, toussant et crachant toute la journée avec
une saleté qui faisait bondir le cœur. Elle était bor-
gne et presque aveugle ; ses yeux de travers avaient
une bordure d'écarlate ; enfin elle avait une barbe
grise au menton. En cet état, elle ne pouvait se regarder elle-même, et elle avait fait casser tous les
miroirs de son palais. Elle n'y pouvait souffrir aucune jeune personne d'une figure raisonnable. Elle
ne se faisait servir que par des gens borgnes, bos-
sus, boiteux et estropiés.

Un jour, on présenta à la Reine une jeune fille de
quinze ans, d'une merveilleuse beauté, nommée
Corysante. D'abord elle se récria : « Qu'on ôte cet
objet de devant mes yeux ! » Mais la mère de cette
jeune fille lui dit : « Madame, ma fille est fée, et elle
a le pouvoir de vous donner en un moment toute sa
jeunesse et toute sa beauté. » La Reine, détournant
ses yeux, répondit : « Eh bien ! que faut-il lui donner
en récompense ? — Tous vos trésors, et votre couronne même, lui répondit la mère. — C'est de quoi je
ne me dépouillerai jamais, s'écria la Reine ; j'aime
mieux mourir. » Cette offre ayant été rebutée, la
Reine tomba malade d'une maladie qui la rendait
si puante et si infecte, que ses femmes n'osaient ap-

procher d'elle pour la servir, et que ses médecins
jugèrent qu'elle mourrait dans peu de jours. Dans
cette extrémité, elle envoya chercher la jeune fille,
et la pria de prendre sa couronne et tous ses trésors, pour lui donner sa jeunesse avec sa beauté.
La jeune fille lui dit : « Si je prends votre couronne
et vos trésors, en vous donnant ma beauté et mon
âge, je deviendrai tout à coup vieille et difforme
comme vous. Vous n'avez pas voulu d'abord faire ce
marché, et moi j'hésite à mon tour pour savoir si
je dois le faire. » La Reine la pressa beaucoup ; et,
comme la jeune fille sans expérience était fort am-
bitieuse, elle se laissa toucher au plaisir d'être
reine. Le marché fut conclu. En un moment, Gisèle
se redressa, et sa taille devint majestueuse ; son
teint prit les plus belles couleurs ; ses yeux parurent vifs ; la fleur de la jeunesse se répandit sur son
visage ; elle charma toute l'assemblée. Mais il fallut
qu'elle se retirât dans un village, et sous une cabane, étant couverte de haillons. Corysante, au
contraire, perdit tous ses agréments, et devint hideuse. Elle demeura dans ce superbe palais, et
commanda en reine. Dès qu'elle se vit dans un miroir, elle soupira, et dit qu'on n'en présentât jamais aucun devant elle. Elle chercha à se consoler
par ses trésors ; mais son or et ses pierreries ne
l'empêchaient point de souffrir tous les maux de la
vieillesse. Elle voulait danser, comme elle était accoutumée à le faire avec ses compagnes, dans des
prés fleuris, à l'ombre des bocages ; mais elle ne
pouvait plus se soutenir qu'avec un bâton. Elle
voulait faire des festins ; mais elle était si languis-
sante et si dégoûtée, que les mets les plus délicieux
lui faisaient mal au cœur. Elle n'avait même aucune
dent, et ne pouvait se nourrir que d'un peu de
bouillie. Elle voulait entendre des concerts de musique ; mais elle était sourde. Alors elle regretta sa

jeunesse et sa beauté, qu'elle avait follement quit-
tées pour une couronne et pour des trésors dont
elle ne pouvait se servir. De plus, elle qui avait été
bergère et qui était accoutumée à passer les jours à
chanter en conduisant ses moutons, elle était, à tout
moment, importunée des affaires difficiles qu'elle ne
pouvait point régler. D'un autre côté, Gisèle, accoutumée à régner, à posséder tous les plus grands
biens, avait déjà oublié les incommodités de la
vieillesse : elle était inconsolable de se voir si pauvre. « Quoi? disait-elle, serai-je toujours couverte de
haillons? A quoi me sert toute ma beauté sous cet
habit crasseux et déchiré? A quoi me sert-il d'être
belle, pour n'être vue que dans un village par des
gens si grossiers? On me méprise; je suis réduite à
servir et à conduire des bêtes. Hélas! j'étais reine;
je suis bien malheureuse d'avoir quitté ma couronne et tant de trésors! Oh! si je pouvais les ravoir!
Il est vrai que je mourrais bientôt : eh bien! les autres reines ne meurent-elles pas? Ne faut-il pas
avoir le courage de souffrir et de mourir, plutôt que
de faire une bassesse pour devenir jeune? » Corysante sent que Gisèle regrettait son premier état, et
lui dit qu'en qualité de fée elle pouvait faire un
second échange. Chacune reprit son premier état.
Gisèle redevint reine, mais vieille et horrible ; Corysante reprit ses charmes et la pauvreté de bergère. Bientôt Gisèle, accablée de maux, s'en repen-
tit, et déplora son aveuglement. Mais Corysante,
qu'elle pressait de changer encore, lui répondit :
« J'ai maintenant éprouvé les deux conditions : j'aime
mieux être jeune, et manger du pain noir, et chanter tous les jours en gardant mes moutons, que
d'être reine comme vous dans le chagrin et dans la
douleur. »

XVIII

HISTOIRE DE FLORISE.

Une paysanne connaissait dans son voisinage une Fée. Elle la pria de venir à une de ses couches, où elle eut une fille. La Fée prit d'abord l'enfant entre ses bras, et dit à la mère : « Choisissez; elle sera, si vous voulez, belle comme le jour, d'un esprit encore plus charmant que sa beauté, et reine d'un grand royaume, mais malheureuse; ou bien elle sera laide et paysanne comme vous, mais contente dans sa condition. » La paysanne choisit d'abord pour cet enfant la beauté et l'esprit avec une couronne, au hasard de quelque malheur. Voilà la petite fille dont la beauté commence déjà à effacer toutes celles qu'on avait jamais vues. Son esprit était doux, poli, insinuant; elle apprenait tout ce qu'on voulait lui apprendre, et le savait bientôt mieux que ceux qui le lui avaient appris. Elle dansait sur l'herbe, les jours de fête, avec plus de grâce que toutes ses compagnes. Sa voix était plus touchante qu'aucun instrument de musique, et elle faisait elle-même les chansons qu'elle chantait. D'abord elle ne savait point qu'elle était belle ; mais, en jouant avec ses compagnes sur le bord d'une claire fontaine, elle se vit, elle remarqua combien elle était différente des autres : elle s'admira. Tout le pays, qui accourait en foule pour la voir, lui fit encore plus connaître ses charmes. Sa mère, qui comptait sur les prédictions de la Fée, la regardait déjà comme une reine, et la gâtait par ses complaisances. La jeune fille ne voulait ni filer, ni coudre, ni garder les moutons; elle s'amusait à cueillir des

fleurs, à en parer sa tête, à chanter, et à danser à
l'ombre des bois. Le roi de ce pays-là était fort puissant, et il n'avait qu'un fils, nommé Rosimond,
qu'il voulait marier. Il ne put jamais se résoudre à
entendre parler d'aucune princesse des États voisins, parce qu'une fée lui avait assuré qu'il trouve-
rait une paysanne plus belle et plus parfaite que
toutes les princesses du monde. Il prit la résolution
de faire assembler toutes les jeunes villageoises de
son royaume au-dessous de dix-huit ans, pour choisir celle qui serait la plus digne d'être choisie. On
exclut d'abord une quantité innombrable de filles
qui n'avaient qu'une médiocre beauté, et on en sé-
para trente qui surpassaient infiniment toutes les
autres. Florise (c'est le nom de notre jeune fille)
n'eut pas de peine à être mise dans ce nombre. On
rangea ces trente filles au milieu d'une grande
salle, dans une espèce d'amphithéâtre, où le Roi et
son fils les pouvaient regarder toutes à la fois. Florise parut d'abord, au milieu de toutes les autres, ce
qu'une belle anémone paraîtrait parmi des soucis,
ou ce qu'un oranger fleuri paraîtrait au milieu des
buissons sauvages. Le Roi s'écria qu'elle méritait sa
couronne. Rosimond se crut heureux de posséder
Florise. On lui ôta ses habits du village; on lui en
donna qui étaient tout brodés d'or. En un instant,
elle se vit couverte de perles et de diamants. Un
grand nombre de dames étaient occupées à la servir. On ne songeait qu'à deviner ce qui pouvait lui
plaire, pour le lui donner avant qu'elle eût la peine
de le demander. Elle était logée dans un magnifique
appartement du palais, qui n'avait, au lieu de tapisseries, que de grandes glaces de miroir de toute
la hauteur des chambres et des cabinets, afin
qu'elle eût le plaisir de voir sa beauté multipliée de
ous côtés, et que le Prince pût l'admirer en quelque endroit qu'il jetât les yeux. Rosimond avait

quitté la chasse, le jeu, tous les exercices du corps,
pour être sans cesse auprès d'elle ; et, comme le roi
son père était mort bientôt après le mariage, c'était
la sage Florise, devenue reine, dont les conseils dé-
cidaient de toutes les affaires de l'État. La reine
mère du nouveau roi, nommée Gronipote, fut jalouse de sa belle-fille. Elle était artificieuse, maligne, cruelle. La vieillesse avait ajouté une affreuse
difformité à sa laideur naturelle, et elle ressemblait
à une Furie[1]. La beauté de Florise la faisait paraître
encore plus hideuse, et l'irritait à tout moment :
elle ne pouvait souffrir qu'une si belle personne la
défigurât. Elle craignait aussi son esprit, et elle s'a-
bandonna à toutes les fureurs de l'envie. « Vous n'a-
vez point de cœur, disait-elle souvent à son fils,
d'avoir voulu épouser cette petite paysanne ; et
vous avez la bassesse d'en faire votre idole : elle est
fière comme si elle était née dans la place où elle
est. Quand le roi votre père voulut se marier, il me
préféra à toute autre, parce que j'étais la fille d'un
roi égal à lui. C'est ainsi que vous devriez faire.
Renvoyez cette petite bergère dans son village, et
songez à quelque jeune princesse dont la naissance
vous convienne. » Rosimond résistait à sa mère ; mais
Gronipote enleva un jour un billet que Florise écrivait au Roi, et le donna à un jeune homme de la
cour, qu'elle obligea d'aller porter ce billet au Roi,
comme si Florise lui avait témoigné toute l'amitié
qu'elle ne devait avoir que pour le Roi seul. Rosimond, aveuglé par sa jalousie et par les conseils
malins que lui donna sa mère, fit enfermer Florise,
pour toute sa vie, dans une haute tour bâtie sur la
pointe d'un rocher qui s'élevait dans la mer. Là,
elle pleurait nuit et jour, ne sachant par quelle in-

---

1. On appelait *Furies* des divinités infernales chargées de
punir les crimes des hom-
mes.

justice le Roi, qui l'avait tant aimée, la traitait si
indignement. Il ne lui était permis de voir qu'une

LE ROI ENVOYAIT UN BOURREAU POUR LUI COUPER
LA TÊTE.

vieille femme à qui Gronipote l'avait confiée, et qui
lui insultait à tout moment dans cette prison. Alors

Florise se ressouvint de son village, de sa cabane et de tous ses plaisirs champêtres. Un jour, pendant qu'elle était accablée de douleur, et qu'elle déplorait l'aveuglement de sa mère, qui avait mieux aimé qu'elle fût belle et reine malheureuse, que bergère laide et contente dans son état, la vieille qui la traitait si mal vint lui dire que le Roi envoyait un bourreau pour lui couper la tête, et qu'elle n'avait plus qu'à se résoudre à la mort. Florise répondit qu'elle était prête à recevoir le coup. En effet, le bourreau envoyé par les ordres du Roi, sur les conseils de Gronipote, tenait un grand coutelas pour l'exécution, quand il parut une femme qui dit qu'elle venait de la part de cette reine, pour dire deux mots en secret à Florise avant sa mort. La vieille la laissa parler à elle, parce que cette personne lui parut une des dames du palais; mais c'était la Fée qui avait prédit les malheurs de Florise à sa naissance, et qui avait pris la figure de cette dame de la reine mère. Elle parla à Florise en particulier, en faisant retirer tout le monde. « Voulez-vous, lui dit-elle, renoncer à la beauté qui vous a été si funeste? Voulez-vous quitter le titre de reine, reprendre vos anciens habits, et retourner dans votre village? » Florise fut ravie d'accepter cette offre. La Fée lui appliqua sur le visage un masque enchanté : aussitôt les traits de son visage devinrent grossiers, et perdirent toute leur proportion; elle devint aussi laide qu'elle avait été belle et agréable. En cet état, elle n'était plus reconnaissable, et elle passa sans peine au travers de tous ceux qui étaient venus là pour être témoins de son supplice. Elle suivit la Fée, et repassa avec elle dans son pays. On eut beau chercher Florise, on ne la put trouver en aucun endroit de la tour. On alla en porter la nouvelle au Roi et à Gronipote, qui la firent encore chercher, mais inutilement, par tout le Royaume. La

fée l'avait rendue à sa mère, qui ne l'eût pas con-
nue dans un si grand changement, si elle n'en eût
été avertie. Florise fut contente de vivre laide,
pauvre et inconnue dans son village, où elle gardait
des moutons. Elle entendait tous les jours raconter
ses aventures et déplorer ses malheurs. On en avait
fait des chansons qui faisaient pleurer tout le
monde ; elle prenait plaisir à les chanter souvent
avec ses compagnes, et elle en pleurait comme les
autres ; mais elle se croyait heureuse en gardant
son troupeau, et ne voulut jamais découvrir à personne qui elle était.

XIX

HISTOIRE D'UNE JEUNE PRINCESSE.

IL y avait une fois un roi et une reine, qui n'a-
vaient point d'enfants. Ils en étaient si fâchés, si
fâchés, que personne n'a jamais été plus fâché. Enfin
la Reine devint grosse, et accoucha d'une fille, la
plus belle qu'on ait jamais vue. Les Fées vinrent à sa
naissance ; mais elles dirent toutes à la Reine que
le mari de sa fille aurait onze bouches, ou que, si
elle ne se mariait avant l'âge de vingt-deux ans,
elle deviendrait crapaud. Cette prédiction troubla
la Reine. La fille avait à peine quinze ans, qu'il se
présenta un homme qui avait les onze bouches, et
dix-huit pieds de haut ; mais la Princesse le trouva
si hideux, qu'elle n'en voulut jamais. Cependant
l'âge fatal approchait, et le Roi, qui aimait mieux
voir sa fille mariée à un monstre, que devenir crapaud, résolut de la donner à l'homme à onze bouches. La Reine trouva l'alternative fâcheuse. Comme

tout se préparait pour les noces, la Reine se souvint
d'une certaine Fée qui avait été autrefois de ses
amies : elle la fit venir, et lui demanda si elle ne
pouvait les empêcher. « Je ne le puis, Madame, lui
répondit-elle, qu'en changeant votre fille en linote.
Vous l'aurez dans votre chambre ; elle parlera toutes
les nuits, et chantera toujours. » La Reine y consentit.
Aussitôt la Princesse fut couverte de plumes fines,
et s'envola chez le Roi ; de là elle revint à la Reine,
qui lui fit mille caresses. Cependant le Roi fit chercher la Princesse : on ne la trouva point. Toute la
Cour était en deuil. La Reine faisait semblant de
s'affliger comme les autres ; mais elle avait toujours
sa linote ; elle s'entretenait toutes les nuits avec
elle. Un jour, le Roi lui demanda comment elle avait
eu une linote si spirituelle ; elle lui répondit que
c'était une Fée de ses amies qui la lui avait donnée.
Deux mois se passèrent tristement. Enfin le monstre,
lassé d'attendre, dit au Roi qu'il le mangerait avec
toute sa cour, si dans huit jours il ne lui donnait la
Princesse ; car il était ogre. Cela inquiéta la Reine,
qui découvrit tout au Roi. On envoya querir la Fée,
qui rendit à la Princesse sa première forme. Cependant il arriva un prince, qui, outre sa bouche naturelle, en avait une au bout de chaque doigt de la
main. Le Roi aurait bien voulu lui donner sa fille :
mais il craignait le monstre. Le Prince, qui était
devenu amoureux de la princesse, résolut de se battre
contre l'Ogre. Le Roi n'y consentit qu'avec beaucoup
de peine. On prit le jour : lorsqu'il fut arrivé, les
champions s'avancèrent dans le lieu du combat. Tout
le monde faisait des vœux pour le Prince ; mais, à
voir le Géant si terrible, on tremblait de peur pour
le Prince. Le monstre portait une massue de chêne,
dont il déchargea un coup sur Aglaor, car c'était
ainsi que se nommait le Prince ; mais Aglaor ayant
évité le coup, lui coupa le jarret de son épée, et

l'ayant fait tomber, lui ôta la vie. Tout le monde
cria victoire ; et le prince Aglaor épousa la Princesse
avec d'autant plus de contentement, qu'il l'avait délivrée d'un rival aussi terrible qu'incommode.

XX

VOYAGE DANS L'ILE DES PLAISIRS.

Après avoir longtemps vogué sur la mer Pacifique [1], nous aperçûmes de loin une île de sucre
avec des montagnes de compote, des rochers de
sucre candi et de caramel, et des rivières de sirop
qui coulaient dans la campagne. Les habitants, qui
étaient fort friands, léchaient tous les chemins, et
suçaient leurs doigts après les avoir trempés dans
les fleuves. Il y avait aussi des forêts de réglisse, et
de grands arbres d'où tombaient des gaufres, que le
vent emportait dans la bouche des voyageurs, si peu
qu'elle fût ouverte. Comme tant de douceurs nous
parurent fades, nous voulûmes passer en quelque
autre pays, où l'on pût trouver des mets d'un goût
plus relevé. On nous assura qu'il y avait, à dix lieues
de là, une autre île où il y avait des mines de jam-
bons, de saucisses et de ragoûts poivrés. On les
creusait, comme on creuse les mines d'or dans le
Pérou [2]. On y trouvait aussi des ruisseaux de sau-
ces à l'oignon. Les murailles des maisons sont de
croûtes de pâté. Il y pleut du vin couvert [3], quand

1. C'est la vaste mer qui est
située entre l'Amérique, à l'ouest,
l'Asie et l'Australie, à l'est ; on
la nomme aussi le *Grand Océan*.
2. Contrée de l'Amérique mé-

ridionale, très-riche en mines
d'or et d'argent.
3. On appelle *vin couvert* du
vin fort rouge, qui est d'une
couleur très-chargée.

le temps est chargé; et, dans les plus beaux jours, la rosée du matin est toujours de vin blanc, semblable au vin grec ou à celui de Saint-Laurent [1]. Pour passer dans cette île, nous fîmes mettre sur le port de celle d'où nous voulions partir, douze hommes d'une grosseur prodigieuse, et qu'on avait endormis : ils soufflaient si fort en ronflant, qu'ils remplirent nos voiles d'un vent favorable. A peine fûmes-nous arrivés dans l'autre île, que nous trouvâmes sur le rivage des marchands qui vendaient de l'appétit; car on en manquait souvent parmi tant de ragoûts. Il y avait aussi d'autres gens qui vendaient le sommeil. Le prix en était réglé tant par heure; mais il y avait des sommeils plus chers les uns que les autres, à proportion des songes qu'on voulait avoir. Les plus beaux songes étaient fort chers. J'en demandai des plus agréables pour mon argent; et, comme j'étais las, j'allai d'abord me coucher. Mais à peine fus-je dans mon lit que j'entendis un grand bruit : j'eus peur, et je demandai du secours. On me dit que c'était la terre qui s'entr'ouvrait. Je crus être perdu; mais on me rassura en me disant qu'elle s'entr'ouvrait ainsi toutes les nuits à une certaine heure, pour vomir, avec grand effort, des ruisseaux bouillants de chocolat moussé [2], et des liqueurs glacées de toutes les façons. Je me levai à la hâte pour en prendre, et elles étaient délicieuses. Ensuite je me recouchai, et, dans mon sommeil, je crus voir que tout le monde était de cristal, que les hommes se nourrissaient de parfums quand il leur plaisait, qu'ils ne pouvaient marcher qu'en dansant ni parler qu'en chantant, qu'ils avaient des ailes pour fendre les airs, et des nageoires pour passer

---

1. Saint-Laurent est un bourg de Provence, situé dans le département des Alpes-Maritimes (arrondissement de Grasse, canton de Vence); il est renommé pour ses vins muscats.

2. *Moussé*, c'est-à-dire qu'on a fait mousser.

les mers. Mais ces hommes étaient comme des pierres à fusil : on ne pouvait les choquer qu'aussitôt ils ne prissent feu. Ils s'enflammaient comme une mèche, et je ne pouvais m'empêcher de rire voyant combien ils étaient faciles à émouvoir. Je voulus demander à l'un d'eux pourquoi il paraissait si animé : il me répondit, en me montrant le poing, qu'il ne se mettait jamais en colère.

A peine fus-je éveillé, qu'il vint un marchand d'appétit, me demandant de quoi je voulais avoir faim, et si je voulais qu'il me vendît des relais d'estomacs pour manger toute la journée. J'acceptai la condition. Pour mon argent, il me donna douze petits sachets de taffetas que je mis sur moi, et qui devaient me servir comme douze estomacs, pour digérer sans peine douze grands repas en un jour. A peine eus-je pris les douze sachets, que je commençai à mourir de faim. Je passai ma journée à faire douze festins délicieux. Dès qu'un repas était fini, la faim me reprenait, et je ne lui donnais pas le temps de me presser. Mais, comme j'avais une faim avide, on remarqua que je ne mangeais pas proprement : les gens du pays sont d'une délicatesse et d'une propreté exquises. Le soir, je fus lassé d'avoir passé toute la journée à table, comme un cheval à son râtelier. Je pris la résolution de faire tout le contraire le lendemain, et de ne me nourrir que de bonnes odeurs. On me donna à déjeuner de la fleur d'orange. A dîner, ce fut une nourriture plus forte : on me servit des tubéreuses et puis des peaux d'Espagne [1]. Je n'eus que des jonquilles à collation. Le soir, on me donna à souper de grandes corbeilles pleines de toutes les fleurs odoriférantes, et on y ajouta des cassolettes de toutes sortes de parfums. La nuit, j'eus une indigestion pour avoir trop senti

1. Espèce de peaux de senteur.

tant d'odeurs nourrissantes. Le jour suivant, je jeû-
nai, pour me délasser de la fatigue des plaisirs de la
table. On me dit qu'il y avait en ce pays-là une ville
toute singulière, et on me promit de m'y mener par
une voiture qui m'était inconnue. On me mit dans
une petite chaise de bois fort léger et toute garnie
de grandes plumes, et on attacha à cette chaise,
avec des cordes de soie, quatre grands oiseaux,
grands comme des autruches, qui avaient des ailes
proportionnées à leur corps. Ces oiseaux prirent
d'abord leur vol. Je conduisis les rênes du côté de
l'orient, qu'on m'avait marqué. Je voyais à mes pieds
les hautes montagnes, et nous volâmes si rapidement, que je perdais presque l'haleine en fendant
le vague de l'air. En une heure, nous arrivâmes à
cette ville si renommée. Elle est toute de marbre, et
elle est grande trois fois comme Paris. Toute la ville
n'est qu'une seule maison. Il y a vingt-quatre grandes
cours, dont chacune est grande comme le plus grand
palais du monde ; et au milieu de ces vingt-quatre
cours, il y en a une vingt-cinquième qui est six fois
plus grande que chacune des autres. Tous les loge-
ments de cette maison sont égaux, car il n'y a point
d'inégalité de condition entre les habitants de cette
ville. Il n'y a là ni domestiques ni petit peuple ; chacun se sert soi-même, personne n'est servi : il y a
seulement des souhaits, qui sont de petits esprits
follets et voltigeants, qui donnent à chacun tout ce
qu'il désire dans le moment même. En arrivant, je
reçus un de ces esprits qui s'attacha à moi, et qui
ne me laissa manquer de rien : à peine me donnait-
il le temps de désirer. Je commençais même à être
fatigué des nouveaux désirs que cette liberté de me
contenter excitait sans cesse en moi ; et je compris,
par expérience, qu'il valait mieux se passer des
choses superflues, que d'être sans cesse dans de
nouveaux désirs, sans pouvoir jamais s'arrêter à la

jouissance tranquille d'aucun plaisir. Les habitants
de cette ville étaient polis, doux et obligeants. Ils
me reçurent comme si j'avais été l'un d'entre eux.
Dès que je voulais parler, ils devinaient ce que je
voulais, et le faisaient sans attendre que je m'expli-
quasse. Cela me surprit, et j'aperçus qu'ils ne parlaient jamais entre eux : ils lisent dans les yeux les
uns des autres tout ce qu'ils pensent, comme on lit
dans un livre ; quand ils veulent cacher leurs pensées,
ils n'ont qu'à fermer les yeux. Ils me menèrent dans
une salle où il y eut une musique de parfums. Ils
assemblent les parfums comme nous assemblons les
sons. Un certain assemblage de parfums, les uns
plus forts, les autres plus doux, fait une harmonie
qui chatouille l'odorat, comme nos concerts flattent
l'oreille par des sons tantôt graves et tantôt aigus.
En ce pays-là, les femmes gouvernent les hommes ;
elles jugent les procès, elles enseignent les sciences
et vont à la guerre. Les hommes s'y fardent, s'y
ajustent depuis le matin jusqu'au soir ; ils filent, ils
cousent, ils travaillent à la broderie, et ils craignent
d'être battus par leurs femmes, quand ils ne leur ont
pas obéi. On dit que la chose se passait autrement
il y a un certain nombre d'années ; mais les hommes, servis par les souhaits, sont devenus si lâches,
si paresseux et si ignorants, que les femmes furent
honteuses de se laisser gouverner par eux. Elles
s'assemblèrent pour réparer les maux de la République. Elles firent des écoles publiques, où les personnes de leur sexe qui avaient le plus d'esprit se
mirent à étudier. Elles désarmèrent leurs maris,
qui ne demandaient pas mieux que de n'aller jamais aux coups. Elles les débarrassèrent de tous les
procès à juger, veillèrent à l'ordre public, établirent
des lois, les firent observer, et sauvèrent la chose
publique, dont l'inapplication, la légèreté, la mollesse des hommes, auraient sûrement causé la ruine

totale. Touché de ce spectacle, et fatigué de tant de festins et d'amusements, je conclus que les plaisirs des sens, quelque variés, quelque faciles qu'ils soient, avilissent et ne rendent point heureux. Je m'éloignai donc de ces contrées, en apparence si délicieuses : et, de retour chez moi, je trouvai dans une vie sobre, dans un travail modéré, dans des mœurs pures, dans la pratique de la vertu, le bonheur et la santé que n'avaient pu me procurer la continuité de la bonne chère et la variété des plaisirs.

XXI -

VOYAGE SUPPOSÉ, EN 1690 [1].

Il y a quelques années que nous fîmes un beau voyage, dont vous serez bien aise que je vous raconte le détail. Nous partîmes de Marseille pour la Sicile, et nous résolûmes d'aller visiter l'Égypte. Nous arrivâmes à Damiette, nous passâmes au Grand-Caire [2].

Après avoir vu les bords du Nil, en remontant vers le sud, nous nous engageâmes insensiblement à aller voir la mer Rouge. Nous trouvâmes sur cette côte un vaisseau qui s'en allait dans certaines îles qu'on assurait être encore plus délicieuses que les Iles Fortunées [3]. La curiosité de voir ces merveilles

1. C'est au mois d'août 1689 que Fénelon avait été nommé précepteur du duc de Bourgogne, né en 1682.
2. *Marseille*, chef-lieu du département des Bouches-du-Rhône, avec un excellent port sur la Méditerranée. — *La Sicile*, île de la Méditerranée, au sud de l'Italie. — *L'Égypte*, contrée de l'Afrique, fertilisée par le Nil et baignée au nord par la Méditerranée, à l'est par la mer Rouge. — *Damiette*, ville de la basse Égypte, située sur la branche orientale du Nil. — *Le Caire*, sur la rive droite du Nil, capitale de la moyenne Égypte.
3. *Iles Fortunées* est le nom que les anciens donnaient aux îles que

nous fit embarquer; nous voguâmes pendant trente
jours : enfin nous aperçûmes la terre de loin. A mesure que nous approchions, on sentait les parfums
que ces îles répandaient dans toute la mer.

Quand nous abordâmes, nous reconnûmes que
tous les arbres de ces îles étaient d'un bois odoriférant comme le cèdre. Ils étaient chargés, en même
temps, de fruits délicieux et de fleurs d'une odeur
exquise. La terre même, qui était noire, avait un
goût de chocolat, et on en faisait des pastilles.
Toutes les fontaines étaient de liqueurs glacées; là,
de l'eau de groseille; ici, de l'eau de fleur d'orange;
ailleurs, des vins de toutes les façons. Il n'y avait
aucune maison dans toutes ces îles, parce que l'air
n'y était jamais ni froid ni chaud. Il y avait partout,
sous les arbres, des lits de fleurs, où l'on se couchait
mollement pour dormir; pendant le sommeil, on
avait toujours des songes de nouveaux plaisirs; il
sortait de la terre des vapeurs douces qui repré-
sentaient à l'imagination des objets encore plus
enchantés que ceux qu'on voyait en veillant : ainsi
on dormait moins pour le besoin que pour le plaisir. Tous les oiseaux de la campagne savaient la
musique, et faisaient entre eux des concerts.

Les zéphyrs n'agitaient les feuilles des arbres
qu'avec règle, pour faire une douce harmonie. Il y
avait dans tout le pays beaucoup de cascades natu-
relles : toutes ces eaux, en tombant sur des rochers
creux, faisaient un son d'une mélodie semblable à
celle des meilleurs instruments de musique. Il n'y
avait aucun peintre dans tout le pays; mais quand
on voulait avoir le portrait d'un ami, un beau
paysage, ou un tableau qui représentât quelque
autre objet, on mettait de l'eau dans de grands

nous appelons maintenant *les
Canaries*, et qui sont situées
dans l'océan Atlantique, à environ cent cinquante kilomètres
de la côte occidentale de l'Afrique.

bassins d'or ou d'argent; puis on opposait cette
eau à l'objet qu'on voulait peindre. Bientôt l'eau, se
congelant, devenait comme une glace de miroir, où
l'image de cet objet demeurait ineffaçable. On
l'emportait où l'on voulait, et c'était un tableau
aussi fidèle que les plus polies glaces de miroir.
Quoiqu'on n'eût aucun besoin de bâtiments, on ne
laissait pas d'en faire, mais sans peine. Il y avait
des montagnes dont la superficie était couverte de
gazons toujours fleuris. Le dessous était d'un marbre plus solide que le nôtre, mais si tendre et si
léger, qu'on le coupait comme du beurre, et qu'on
le transportait cent fois plus facilement que du
liége; ainsi on n'avait qu'à tailler avec un ciseau,
dans les montagnes, des palais ou des temples de la
plus magnifique architecture; puis deux enfants
emportaient sans peine le palais dans la place où
l'on voulait le mettre.

Les hommes un peu sobres ne se nourrissaient
que d'odeurs exquises. Ceux qui voulaient une plus
forte nourriture mangeaient de cette terre mise en
pastilles de chocolat, et buvaient de ces liqueurs
glacées qui coulaient des fontaines. Ceux qui commençaient à vieillir allaient se renfermer, pendant
huit jours, dans une profonde caverne, où ils dormaient tout ce temps-là avec des songes agréables:
il ne leur était permis d'apporter en ce lieu téné-
breux aucune lumière. Au bout de huit jours, ils
s'éveillaient avec une nouvelle vigueur; leurs cheveux redevenaient blonds; leurs rides étaient effa-
cées, ils n'avaient plus de barbe: toutes les grâces
de la plus tendre jeunesse revenaient en eux. En ce
pays, tous les hommes avaient de l'esprit; mais ils
n'en faisaient aucun bon usage. Ils faisaient venir
des esclaves des pays étrangers, et les faisaient penser pour eux; car ils ne croyaient pas qu'il fût digne
d'eux de prendre jamais la peine de penser eux-

mêmes. Chacun voulait avoir des penseurs à gages,
comme on a ici des porteurs de chaise pour s'épar-
gner la peine de marcher.

Ces hommes, qui vivaient avec tant de délices et
de magnificence, étaient fort sales : il n'y avait
dans tout le pays rien de puant ni de malpropre
que l'ordure de leur nez, et ils n'avaient point
d'horreur de la manger. On ne trouvait ni politesse
ni civilité parmi eux. Ils aimaient à être seuls; ils
avaient un air sauvage et farouche; ils chantaient
des chansons barbares qui n'avaient aucun sens.
Ouvraient-ils la bouche? c'était pour dire non à
tout ce qu'on leur proposait. Au lieu qu'en écrivant
nous faisons nos lignes droites, ils faisaient les leurs
en demi-cercle. Mais ce qui me surprit davantage,
c'est qu'ils dansaient les pieds en dedans; ils tiraient
la langue; ils faisaient des grimaces qu'on ne voit
jamais en Europe, ni en Asie, ni même en Afrique,
où il y a tant de monstres. Ils étaient froids, timides
et honteux devant les étrangers, hardis et emportés
contre ceux qui étaient dans leur familiarité.

Quoique le climat soit très-doux et le ciel très-
constant en ce pays-là, l'humeur des hommes y est
inconstante et rude. Voici un remède dont on se
sert pour les adoucir. Il y a dans ces îles certains
arbres qui portent un grand fruit d'une forme longue, qui pend du haut des branches. Quand ce
fruit est cueilli, on en ôte tout ce qui est bon à
manger, et qui est délicieux; il reste une écorce
dure, qui forme un grand creux, à peu près de la
figure d'un luth. Cette écorce a de longs filaments,
durs et fermes, comme des cordes, qui vont d'un
bout à l'autre. Ces espèces de cordes, dès qu'on les
touche un peu, rendent d'elles-mêmes tous les sons
qu'on veut. On n'a qu'à prononcer le nom de l'air
qu'on demande, ce nom, soufflé sur les cordes, leur
imprime aussitôt cet air. Par cette harmonie, on

adoucit un peu les esprits farouches et violents. Mais, malgré les charmes de la musique, ils retombent toujours dans leur humeur sombre et incompatible.

Nous demandâmes soigneusement s'il n'y avait point dans le pays des lions, des ours, des tigres, des panthères ; et je compris qu'il n'y avait dans ces charmantes îles rien de féroce que les hommes. Nous aurions passé volontiers notre vie dans une si heureuse terre ; mais l'humeur insupportable de ses habitants nous fit renoncer à tant de délices. Il fallut, pour se délivrer d'eux, se rembarquer et retourner, par la mer Rouge, en Égypte, d'où nous retournâmes en Sicile, en fort peu de jours ; puis nous vînmes de Palerme [1] à Marseille avec un vent très-favorable.

Je ne vous raconte point ici beaucoup d'autres circonstances merveilleuses de la nature de ce pays, et des mœurs de ses habitants. Si vous en êtes curieux, il me sera facile de satisfaire votre curiosité.

Mais qu'en conclurez-vous ? que ce n'est pas un beau ciel, une terre fertile et riante, ce qui amuse, ce qui flatte les sens, qui nous rendent bons et heureux. N'est-ce pas là, au contraire, ce qui nous dégrade, ce qui nous fait oublier que nous avons une âme raisonnable, et négliger le soin et la nécessité de vaincre nos inclinations perverses, et de travailler à devenir vertueux ?

XXII

HISTOIRE DU ROI ALFAROUTE ET DE CLARIPHILE.

Il y avait un roi nommé Alfaroute, qui était craint de tous ses voisins et aimé de tous ses sujets. Il était sage, bon, juste, vaillant, habile : rien

---

1. *Palerme*, port de la Méditerranée, capitale de la Sicile.

ne lui-manquait. Une Fée vint le trouver, et lui
dire qu'il lui arriverait bientôt de grands malheurs, s'il ne se servait pas de la bague qu'elle lui
mit au doigt. Quand il tournait le diamant de la
bague en dedans de sa main, il devenait d'abord
invisible ; et dès qu'il le retournait en dehors, il
était visible comme auparavant. Cette bague lui
fut très-commode, et lui fit grand plaisir. Quand il
se défiait de quelqu'un de ses sujets, il allait
dans le cabinet de cet homme, avec son diamant
tourné en dedans : il entendait et il voyait tous les
secrets domestiques, sans être aperçu. S'il craignait les desseins de quelque roi voisin de son
royaume, il s'en allait jusque dans ses conseils les
plus secrets, où il apprenait tout sans être jamais
découvert. Ainsi il prévenait, sans peine, tout ce
qu'on voulait faire contre lui ; il détourna plusieurs
conjurations formées contre sa personne, et décon-
certa ses ennemis qui voulaient l'accabler. Il ne fut
pourtant pas content de sa bague, et il demanda à
la Fée un moyen de se transporter en un moment
d'un pays dans un autre, pour pouvoir faire un
usage plus prompt et plus commode de l'anneau
qui le rendait invisible. La Fée lui répondit en sou-
pirant : « Vous en demandez trop. Craignez que ce
dernier don ne vous soit nuisible. » Il n'écouta
rien, et la pressa toujours de le lui accorder. « Eh
bien ! dit-elle, il faut donc, malgré moi, vous donner ce que vous vous repentirez d'avoir. » Alors elle
lui frotta les épaules d'une liqueur odoriférante.
Aussitôt il sentit de petites ailes qui naissaient sur
son dos. Ces petites ailes ne paraissaient point
sous ses habits ; mais, quand il avait résolu de
voler, il n'avait qu'à les toucher avec la main :
aussitôt elles devenaient si longues, qu'il était
en état de surpasser infiniment le vol rapide d'un
aigle. Dès qu'il ne voulait plus voler, il n'avait

qu'à retoucher ses ailes : d'abord elles se rapetis-
saient, en sorte qu'on ne pouvait les apercevoir sous
ses habits. Par ce moyen, le Roi allait partout en
peu de moments : il savait tout, et on ne pouvait
concevoir par où il devinait tant de choses ; car il
se renfermait, et paraissait demeurer presque toute
la journée dans son cabinet, sans que personne
osât y entrer. Dès qu'il y était, il se rendait invisible par sa bague, étendait ses ailes en les touchant,
et parcourait des pays immenses. Par là, il s'en-
gagea dans de grandes guerres, où il remporta
toutes les victoires qu'il voulut ; mais, comme il
voyait sans cesse les secrets des hommes, il les
connut si méchants et si dissimulés qu'il n'osait
plus se fier à personne. Plus il devenait puissant et
redoutable, moins il était aimé ; et il voyait qu'il
n'était aimé d'aucun de ceux mêmes à qui il avait
fait les plus grands biens. Pour se consoler, il
résolut d'aller dans tous les pays du monde chercher une femme parfaite qu'il pût épouser, dont il
pût être aimé, et par laquelle il pût se rendre
heureux. Il la chercha longtemps ; et, comme il
voyait tout sans être vu, il connaissait les secrets
les plus impénétrables. Il alla dans toutes les
cours : il trouva partout des femmes dissimulées,
qui voulaient être aimées, et qui s'aimaient trop
elles-mêmes pour aimer de bonne foi un mari. Il
passa dans toutes les maisons particulières : l'une
avait l'esprit léger et inconstant ; l'autre était
artificieuse, l'autre hautaine, l'autre bizarre ;
presque toutes fausses, vaines, et idolâtres de
leur personne. Il descendit jusqu'aux plus basses
conditions, et il trouva enfin la fille d'un pauvre laboureur, belle comme le jour, mais simple et ingénue dans sa beauté, qu'elle comptait
pour rien, et qui était en effet sa moindre qualité ;
car elle avait un esprit et une vertu qui surpas-

saient toutes les grâces de sa personne. Toute la
jeunesse de son voisinage s'empressait pour la
voir ; et chaque jeune homme eût cru assurer le
bonheur de sa vie en l'épousant. Le roi Alfaroute
ne put la voir sans en être passionné. Il la demanda
à son père, qui fut transporté de joie de voir que sa
fille serait une grande reine. Clariphile (c'était son
nom) passa de la cabane de son père dans un
riche palais, où une cour nombreuse la reçut.
Elle n'en fut point éblouie ; elle conserva sa simplicité, sa modestie, sa vertu, et elle n'oublia point
d'où elle était venue, lorsqu'elle fut au comble des
honneurs. Le Roi redoubla sa tendresse pour elle,
et crut enfin qu'il parviendrait à être heureux ;
peu s'en fallait qu'il ne le fût déjà, tant il commençait à se fier au bon cœur de la Reine. Il se
rendait à toute heure invisible, pour l'observer et la
surprendre ; mais il ne découvrait rien en elle qu'il
ne trouvât digne d'être admiré. Il n'y avait plus
qu'un reste de jalousie et de défiance qui le trou-
blait encore un peu dans son amitié.

La Fée, qui lui avait prédit les suites funestes de
son dernier don, l'avertissait souvent, et il en fut
importuné. Il donna ordre qu'on ne la laissât plus
entrer dans le palais, et dit à la Reine qu'il lui dé-
fendait de la recevoir. La Reine promit, avec beaucoup de peine, d'obéir, parce qu'elle aimait fort
cette bonne Fée. Un jour, la Fée, voulant instruire
la Reine sur l'avenir, entra chez elle sous la figure
d'un officier, et déclara à la Reine qui elle était. Aussitôt la Reine l'embrassa tendrement. Le Roi, qui était
alors invisible, l'aperçut, et fut transporté de jalousie jusqu'à la fureur. Il tira son épée, et en perça la
Reine, qui tomba mourante entre ses bras. Dans ce
moment, la Fée reprit sa véritable figure. Le Roi la
reconnut, et comprit l'innocence de la Reine. Alors
il voulut se tuer. La Fée arrêta le coup, et tâcha de

le consoler. La Reine, en expirant, lui dit : «Quoique
je meure de votre main, je meurs toute à vous. »
Alfaroute déplora son malheur d'avoir voulu, malgré la Fée, un don qui lui était si funeste. Il lui
rendit la bague, et la pria de lui ôter ses ailes.
Le reste de ses jours se passa dans l'amertume et
dans la douleur. Il n'avait point d'autre consola-
tion que d'aller pleurer sur le tombeau de Clariphile.

XXIII

HISTOIRE DE ROSIMOND ET DE BRAMINTE.

Il était une fois un jeune homme, plus beau que
le jour, nommé Rosimond, et qui avait autant d'esprit et de vertu, que son frère aîné Braminte était
mal fait, désagréable, brutal et méchant. Leur
mère, qui avait horreur de son fils aîné, n'avait des
yeux que pour voir le cadet. L'aîné, jaloux, invente
une calomnie horrible, pour perdre son frère : il
dit à son père que Rosimond allait souvent chez un
voisin, qui était son ennemi, pour lui rapporter
tout ce qui se passait au logis, et pour lui donner
le moyen d'empoisonner son père. Le père, fort emporté, battit cruellement son fils, le mit en sang,
puis le tint trois jours en prison, sans nourriture,
et enfin le chassa de sa maison, en le menaçant
de le tuer, s'il revenait jamais. La mère, épouvantée,
n'osa rien dire : elle ne fit que gémir. L'enfant s'en
alla pleurant ; et, ne sachant où se retirer, il tra-
versa sur le soir un grand bois : la nuit le surprit
au pied d'un rocher ; il se mit à l'entrée d'une ca-

verne, sur un tapis de mousse où coulait un clair
ruisseau, et il s'y endormit de lassitude. Au point
du jour, en s'éveillant, il vit une belle femme, mon-
tée sur un cheval gris, avec une housse en broderie d'or, qui paraissait aller à la chasse. « N'avez-
vous point vu passer un cerf et des chiens? » lui
dit-elle. Il répondit que non. Puis elle ajouta « : Il
me semble que vous êtes affligé. Qu'avez-vous? lui
dit-elle. Tenez, voilà une bague qui vous rendra le
plus heureux et le plus puissant des hommes,
pourvu que vous n'en abusiez jamais. Quand vous
tournerez le diamant en dedans, vous serez d'a-
bord invisible; dès que vous le tournerez en dehors, vous paraîtrez à découvert. Quand vous mettrez l'anneau à votre petit doigt, vous paraîtrez le fils
du Roi, suivi de toute une cour magnifique ; quand
vous le mettrez au quatrième doigt, vous paraîtrez
dans votre figure naturelle.» Aussitôt le jeune homme
comprit que c'était une Fée qui lui parlait. Après
ces paroles, elle s'enfonça dans le bois. Pour lui, il
s'en retourna aussitôt chez son père, avec impatience de faire l'essai de sa bague. Il vit et entendit
tout ce qu'il voulut sans être découvert. Il ne tint
qu'à lui de se venger de son frère, sans s'exposer à
aucun danger. Il se montra seulement à sa mère,
l'embrassa, et lui dit toute sa merveilleuse aventure. Ensuite, mettant l'anneau enchanté à son petit doigt, il parut tout à coup comme le Prince, fils
du Roi, avec cent beaux chevaux, et un grand nombre d'officiers richement vêtus. Son père fut bien
étonné de voir le fils du Roi dans sa petite maison:
il était embarrassé, ne sachant quels respects il
devait lui rendre. Alors Rosimond lui demanda
combien il avait de fils. « Deux, répondit le père.—
Je les veux voir; faites-les venir tout à l'heure, lui
dit Rosimond : je les veux emmener tous deux à la
Cour, pour faire leur fortune. » Le père timide ré-

pondit en hésitant : « Voilà l'aîné que je vous présente. — Où est donc le cadet ? je le veux voir aussi, dit
encore Rosimond. — Il n'est pas ici, dit le père. Je
l'avais châtié pour une faute, et il m'a quitté. » Alors
Rosimond lui dit : « Il fallait l'instruire, mais non
pas le chasser. Donnez-moi toujours l'aîné ; qu'il me
suive. Et vous, dit-il parlant au père, suivez deux
gardes qui vous conduiront au lieu que je leur mar-
querai. » Aussitôt deux gardes emmenèrent le père ;
et la Fée dont nous avons parlé l'ayant trouvé dans
une forêt, elle le frappa d'une verge d'or, et le fit
entrer dans une caverne sombre et profonde, où il
demeura enchanté. « Demeurez-y, dit-elle, jusqu'à ce
que votre fils vienne vous en tirer. » Cependant le fils
alla à la cour du Roi, dans un temps où le jeune
Prince s'était embarqué pour aller faire la guerre
dans une île éloignée. Il avait été emporté par les
vents sur des côtes inconnues, où, après un naufrage, il était captif chez un peuple sauvage. Rosimond parut à la cour, comme s'il eût été le Prince
qu'on croyait perdu, et que tout le monde pleurait.
Il dit qu'il était revenu par le secours de quelques
marchands, sans lesquels il serait péri. Il fit la joie
publique. Le Roi parut si transporté, qu'il ne pouvait parler ; et il ne se lassait point d'embrasser ce
fils qu'il avait cru mort. La Reine fut encore plus at-
tendrie. On fit de grandes réjouissances dans tout le
Royaume. Un jour, celui qui passait pour le Prince
dit à son véritable frère : «Braminte, vous voyez que
je vous ai tiré de votre village pour faire votre fortune ; mais je sais que vous êtes un menteur, et que
vous avez, par vos impostures, causé le malheur de
votre frère Rosimond : il est ici caché. Je veux que
vous parliez à lui, et qu'il vous reproche vos impostures. » Braminte, tremblant, se jeta à ses pieds, et
lui avoua sa faute.«N'importe, dit Rosimond, je veux
que vous parliez à votre frère, et que vous lui de-

mandiez pardon. Il sera bien généreux s'il vous par-
donne ; il est dans mon cabinet, où je vous le ferai
voir tout à l'heure. Cependant je m'en vais dans une
chambre voisine, pour vous laisser librement avec
lui. » Braminte entra, pour obéir, dans le cabinet.
Aussitôt Rosimond changea son anneau, passa dans
cette chambre, et puis il entra par une autre porte
de derrière, avec sa figure naturelle, dans le cabinet,
où Braminte fut bien honteux de le voir. Il lui demanda pardon, et lui promit de réparer toutes ses
fautes. Rosimond l'embrassa en pleurant, lui par-
donna, et lui dit : « Je suis en pleine faveur auprès
du Prince ; il ne tient qu'à moi de vous faire périr,
ou de vous tenir toute votre vie dans une prison ;
mais je veux être aussi bon pour vous que vous
avez été méchant pour moi. » Braminte, honteux et
confondu, lui répondit avec soumission, n'osant
lever les yeux ni le nommer son frère. Ensuite Rosimond fit semblant de faire un voyage en secret pour
aller épouser une princesse d'un royaume voisin ;
mais, sous ce prétexte, il alla voir sa mère, à laquelle il raconta tout ce qu'il avait fait à la cour, et
lui donna, dans le besoin, quelque petit secours
d'argent ; car le Roi lui laissait prendre tout celui
qu'il voulait, mais il n'en prenait jamais beaucoup.
Cependant il s'éleva une furieuse guerre entre le
Roi et un autre roi voisin, qui était injuste et de
mauvaise foi. Rosimond alla à la cour du roi
ennemi ; entra, par le moyen de son anneau, dans
tous les conseils secrets de ce prince, demeurant
toujours invisible. Il profita de tout ce qu'il apprit
des mesures des ennemis : il les prévint, et les dé-
concerta en tout ; il commanda l'armée contre eux ; il
les défit entièrement dans une grande bataille, et
conclut bientôt avec eux une paix glorieuse, à des
conditions équitables. Le Roi ne songeait qu'à le marier avec une princesse héritière d'un royaume voisin,

et plus belle que les Grâces[1]. Mais un jour, pendant
que Rosimond était à la chasse dans la même forêt
où il avait autrefois trouvé la Fée, elle se présenta
à lui. « Gardez-vous bien, lui dit-elle d'une voix sévère, de vous marier, comme si vous étiez le Prince ;
il ne faut tromper personne : il est juste que le
Prince, pour qui l'on vous prend, revienne succéder
à son père. Allez le chercher dans une île où les
vents que j'enverrai enfler les voiles de votre vaisseau vous mèneront sans peine. Hâtez-vous de rendre ce service à votre maître, contre ce qui pourrait
flatter votre ambition, et songez à rentrer en
homme de bien dans votre condition naturelle. Si
vous ne le faites, vous serez injuste et malheureux :
je vous abandonnerai à vos anciens malheurs. » Rosimond profita sans peine d'un si sage conseil. Sous
prétexte d'une négociation secrète dans un État
voisin, il s'embarqua sur un vaisseau, et les vents
le menèrent d'abord dans l'île où la Fée lui avait dit
qu'était le vrai fils du Roi. Ce prince était captif
chez un peuple sauvage, où on lui faisait garder
des troupeaux. Rosimond, invisible, l'alla enlever
dans les pâturages où il conduisait son troupeau ;
et, le couvrant de son propre manteau, qui était
invisible comme lui, il le délivra des mains de ces
peuples cruels. Ils s'embarquèrent. D'autres vents,
obéissant à la Fée, les ramenèrent ; ils arrivèrent
ensemble dans la chambre du Roi. Rosimond se
présenta à lui, et lui dit : « Vous m'avez cru votre
fils, je ne le suis pas ; mais je vous le rends ; tenez,
le voilà lui-même. » Le Roi, bien étonné, s'adressa à
son fils, et lui dit : « N'est-ce pas vous, mon fils, qui
avez vaincu mes ennemis, et qui avez fait glorieu-
sement la paix ? ou bien est-il vrai que vous avez
fait un naufrage, que vous avez été captif, et que

1. Voyez plus haut, ix, p. 24, note 2.

Rosimond vous a délivré? — Oui, mon père, répondit-il. C'est lui qui est venu dans le pays où j'étais
captif. Il m'a enlevé : je lui dois la liberté et le plaisir de vous revoir. C'est lui, et non pas moi, à qui
vous devez la victoire. » Le Roi ne pouvait croire ce
qu'on lui disait : mais Rosimond, changeant sa bague, se montra au Roi sous la figure du Prince ; et
le Roi épouvanté vit, à la fois, deux hommes qui lui
parurent tous deux ensemble son même fils. Alors
il offrit, pour tant de services, des sommes immenses à Rosimond, qui les refusa ; il demanda seulement au Roi la grâce de conserver à son frère Braminte une charge qu'il avait à la cour. Pour lui, il
craignit l'inconstance de la fortune, l'envie des
hommes, et sa propre fragilité : il voulut se retirer
dans son village avec sa mère, où il se mit à cultiver la terre. La Fée, qu'il revit encore dans les bois,
lui montra la caverne où son père était, et lui dit
les paroles qu'il fallait prononcer pour le délivrer :
il prononça avec une très-sensible joie ces paroles ;
il délivra son père, qu'il avait depuis longtemps
impatience de délivrer, et lui donna de quoi passer
doucement sa vieillesse. Rosimond fut ainsi le
bienfaiteur de toute sa famille, et il eut le plaisir de
faire du bien à tous ceux qui avaient voulu lui
faire du mal. Après avoir fait les plus grandes choses pour la Cour, il ne voulut d'elle que la liberté de
vivre loin de sa corruption. Pour comble de sagesse, il craignit que son anneau ne le tentât de
sortir de sa solitude, et ne le rengageât dans les
grandes affaires : il retourna dans le bois où la Fée
lui avait apparu si favorablement. Il allait tous les
jours auprès de la caverne où il avait eu le bonheur
de la voir autrefois, et c'était dans l'espérance de
l'y revoir. Enfin, elle s'y présenta encore à lui, et il
lui rendit l'anneau enchanté. «Je vous rends, lui dit-
il, un don d'un si grand prix, mais si dangereux, et

duquel il est si facile d'abuser. Je ne me croirai en
sûreté que quand je n'aurai plus de quoi sortir de
ma solitude avec tant de moyens de contenter toutes mes passions. »

Pendant que Rosimond rendait cette bague, Braminte, dont le méchant naturel n'était point cor-
rigé, s'abandonnait à toutes ses passions, et voulut
engager le jeune prince, qui était devenu roi, à
traiter indignement Rosimond. La Fée dit à Rosimond : « Votre frère, toujours imposteur, a voulu
vous rendre suspect au nouveau roi, et vous perdre ; il mérite d'être puni, et il faut qu'il périsse.
Je m'en vais lui donner cette bague que vous me
rendez. » Rosimond pleura le malheur de son frère ;
puis il dit à la Fée : « Comment prétendez-vous le
punir par un si merveilleux présent? Il en abusera
pour persécuter tous les gens de bien, et pour avoir
une puissance sans bornes. — Les mêmes choses, répondit la Fée, sont un remède salutaire aux uns, et
un poison mortel aux autres. La prospérité est la
source de tous les maux pour les méchants. Quand
on veut punir un scélérat, il n'y a qu'à le rendre
bien puissant pour le faire périr bientôt. » Elle alla
ensuite au palais : elle se montra à Braminte sous la
figure d'une vieille femme couverte de haillons;
elle lui dit : « J'ai tiré des mains de votre frère la
bague que je lui avais prêtée, et avec laquelle il s'é-
tait acquis tant de gloire : recevez-la de moi, et
pensez bien à l'usage que vous en ferez. » Braminte
répondit en riant : « Je ne ferai pas comme mon
frère, qui fut assez insensé pour aller chercher le
Prince, au lieu de régner en sa place. » Braminte,
avec cette bague, ne songea qu'à découvrir le secret
de toutes les familles, qu'à commettre des trahisons, des meurtres et des infamies, qu'à écouter les
conseils du Roi, qu'à enlever les richesses des parti-
culiers. Ses crimes invisibles étonnèrent tout le

monde. Le Roi, voyant tant de secrets découverts,
ne savait à quoi attribuer cet inconvénient ; mais

LA FÉE SE MONTRA A BRAMINTE SOUS LA FIGURE
D'UNE VIEILLE FEMME.

la prospérité sans bornes et l'insolence de Braminte lui firent soupçonner qu'il avait l'anneau en-

chanté de son frère. Pour le découvrir, il se servit d'un étranger d'une nation ennemie, à qui il donna une grande somme. Cet homme vint la nuit offrir à Braminte, de la part du roi ennemi, des biens et des honneurs immenses, s'il voulait lui faire savoir par des espions tout ce qu'il pourrait apprendre des secrets de son roi.

Braminte promit tout, alla même dans un lieu où on lui donna une somme très-grande pour commencer sa récompense. Il se vanta d'avoir un anneau qui le rendait invisible. Le lendemain, le Roi l'envoya chercher, et le fit d'abord saisir. On lui ôta l'anneau, et on trouva sur lui plusieurs papiers qui prouvaient ses crimes. Rosimond revint à la cour pour demander la grâce de son frère, qui lui fut refusée. On fit mourir Braminte; et l'anneau lui fut plus funeste qu'il n'avait été utile à son frère.

Le Roi, pour consoler Rosimond de la punition de Braminte, lui rendit l'anneau, comme un trésor d'un prix infini. Rosimond affligé n'en jugea pas de même : il retourna chercher la Fée dans les bois. « Tenez, lui dit-il, votre anneau. L'expérience de mon frère m'a fait comprendre ce que je n'avais pas bien compris d'abord, quand vous me le dites. Gardez cet instrument fatal de la perte de mon frère. Hélas! il serait encore vivant; il n'aurait pas accablé de douleur et de honte la vieillesse de mon père et de ma mère; il serait peut-être sage et heureux, s'il n'avait jamais eu de quoi contenter ses désirs. O qu'il est dangereux de pouvoir plus que les autres hommes! Reprenez votre anneau : malheur à ceux à qui vous le donnerez! L'unique grâce que je vous demande, c'est de ne le donner jamais à aucune des personnes pour qui je m'intéresse. »

XXIV

L'ANNEAU DE GYGÈS.

PENDANT le règne du fameux Crésus[1], il y avait en Lydie[2] un jeune homme bien fait, plein d'esprit, très-vertueux, nommé Callimaque, de la race des anciens rois, et devenu si pauvre, qu'il fut réduit à se faire berger. Se promenant un jour sur des montagnes écartées, ou il rêvait sur ses malheurs en menant son troupeau, il s'assit au pied d'un arbre pour se délasser. Il aperçut auprès de lui une ouverture étroite dans un rocher. La curiosité l'engage à y entrer. Il trouve une caverne large et profonde. D'abord il ne voit goutte ; enfin ses yeux s'accoutument à l'obscurité. Il entrevoit dans une lueur sombre une urne d'or, sur laquelle ces mots étaient gravés : *Ici tu trouveras l'anneau de Gygès*[3]. *O mortel, qui que tu sois, à qui les dieux destinent un si grand bien, montre-leur que tu n'es pas ingrat, et garde-toi d'envier jamais le bonheur d'aucun autre homme.*

1. Crésus, roi de Lydie, célèbre par ses richesses, monta sur le trône vers l'an 559 avant Jésus-Christ.

2. Province de l'ouest de l'Asie Mineure.

3. Gygès était esclave et berger du roi qui régnait en Lydie. Voyant la terre entr'ouverte après une grande pluie, il descendit dans cette ouverture et aperçut, entre autres merveilles, un cheval de bronze entièrement creux et qui avait des portes à ses flancs. Les ayant ouvertes, il vit un cadavre de grandeur plus qu'humaine, qui avait au doigt un anneau d'or. Il lui ôta cet anneau, et le mit à son doigt. Toutes les fois qu'il tournait le chaton de cet anneau en dedans de la main, il devenait invisible, et quand il le tournait en dehors, il était visible comme auparavant. Étant allé à la Cour, il s'entendit avec la Reine, pour faire périr son époux, et le remplacer sur le trône.

Callimaque ouvre l'urne, trouve l'anneau, le prend, et, dans le transport de sa joie, il laissa l'urne, quoiqu'il fût très-pauvre et qu'elle fût d'un grand prix. Il sort de la caverne, et se hâte d'éprouver l'anneau enchanté, dont il avait si souvent entendu parler depuis son enfance. Il voit de loin le roi Crésus, qui passait pour aller de Sardes dans une maison délicieuse sur les bords du Pactole[1]. D'abord il s'approche de quelques esclaves qui marchaient devant, et qui portaient des parfums pour les répandre sur les chemins où le Roi devait passer. Il se mêle parmi eux, après avoir tourné son anneau en dedans, et personne ne l'aperçoit. Il fait du bruit tout exprès en marchant: il prononce même quelques paroles. Tous prêtèrent l'oreille; tous furent étonnés d'entendre une voix, et de ne voir personne. Ils se disaient les uns aux autres : « Est-ce un songe ou une vérité? N'avez-vous pas cru entendre parler quelqu'un?» Callimaque, ravi d'avoir fait cette expérience, quitte ces esclaves et s'approche du Roi. Il est déjà tout auprès de lui sans être découvert; il monte avec lui sur son char, qui était tout d'argent, orné d'une merveilleuse sculpture. La Reine était auprès de lui, et ils parlaient ensemble des plus grands secrets de l'État, que Crésus ne confiait qu'à la Reine seule. Callimaque les entendit pendant tout le chemin.

On arrive dans cette maison, dont tous les murs étaient de jaspe; le toit était de cuivre fin et brillant comme l'or; les lits étaient d'argent, et tout le reste des meubles de même; tout était orné de diamants et de pierres précieuses. Tout le palais était sans cesse rempli des plus doux parfums; et,

1. *Sardes*, près du Pactole et du mont Tmolus, capitale de la Lydie et du riche et puissant empire du roi Crésus. — Le *Pactole*, qui se jette dans l'Hermus, était fameux par les paillettes d'or qu'il roulait dans ses eaux.

pour les rendre plus agréables, on en répandait de
nouveaux à chaque heure du jour. Tout ce qui servait à la personne du Roi était d'or. Quand il se
promenait dans ses jardins, les jardiniers avaient
l'art de faire naître les plus belles fleurs sous ses
pas. Souvent on changeait, pour lui donner une
agréable surprise, la décoration des jardins, comme
on change une décoration de scène. On transportait
promptement, par de grandes machines, les arbres
avec leurs racines, et on en apportait d'autres tout
entiers : en sorte que chaque matin le Roi, en se levant, apercevait ses jardins entièrement renouvelés.
Un jour c'étaient des grenadiers, des oliviers, des
myrtes, des orangers et une forêt de citronniers. Un
autre jour paraissait tout à coup un désert sablon-
neux avec des pins sauvages, de grands chênes, de
vieux sapins qui paraissaient aussi vieux que la
terre. Un autre jour on voyait des gazons fleuris,
des prés d'une herbe fine et naissante, tout émaillés
de violettes, au travers desquels coulaient impé-
tueusement de petits ruisseaux. Sur leurs rives
étaient plantés de jeunes saules d'une tendre verdure, de hauts peupliers qui montaient jusqu'aux
nues ; des ormes touffus et des tilleuls odoriférants,
plantés sans ordre, faisaient une agréable irrégula-
rité. Puis tout à coup, le lendemain, tous ces petits
canaux disparaissaient; on ne voyait plus qu'un
canal de rivière, d'une eau pure et transparente.
Ce fleuve était le Pactole, dont les eaux coulaient sur
un sable doré. On voyait sur ce fleuve des vaisseaux
avec des rameurs vêtus des plus riches étoffes, couvertes d'une broderie d'or. Les bancs des rameurs
étaient d'ivoire; les rames, d'ébène; le bec des
proues, d'argent; tous les cordages, de soie; les
voiles, de pourpre ; et le corps des vaisseaux, de
bois odoriférants comme le cèdre. Tous les cordages étaient ornés de festons; tous les matelots

étaient couronnés de fleurs. Il coulait quelquefois,
dans l'endroit des jardins qui était sous les fenê-
tres de Crésus, un ruisseau d'essence, dont l'odeur
exquise s'exhalait dans tout le palais. Crésus avait
des lions, des tigres et des léopards, auxquels on
avait limé les dents et les griffes, qui étaient attelés
à de petits chars d'écaille de tortue, garnis d'argent.
Ces animaux féroces étaient conduits par un frein
d'or et par des rênes de soie. Ils servaient au Roi et
à toute la cour, pour se promener dans les vastes
routes d'une forêt, qui conservait sous ses rameaux
impénétrables une éternelle nuit. Souvent on faisait
aussi des courses, avec ces chars, le long du fleuve,
dans une prairie unie comme· un tapis vert. Ces
fiers animaux couraient si légèrement et avec tant
de rapidité, qu'ils ne laissaient pas même sur
l'herbe tendre la moindre trace de leurs pas, ni des
roues qu'ils traînaient après eux. Chaque jour on
inventait de nouvelles espèces de courses pour
exercer la vigueur et l'adresse des jeunes gens.
Crésus à chaque nouveau jeu attachait quelque
grand prix pour le vainqueur. Aussi les jours coulaient dans les délices et parmi les plus agréables
spectacles.

Callimaque résolut de surprendre tous les Lydiens
par le moyen de son anneau. Plusieurs jeunes
hommes de la plus haute naissance avaient couru
devant le Roi, qui était descendu de son char dans
la prairie pour les voir courir. Dans le moment où
tous les prétendants eurent achevé leur course, et
que Crésus examinait à qui le prix devait apparte-
nir, Callimaque se met dans le char du Roi. Il demeure invisible : il pousse les lions, le char vole.
On eût cru que c'était celui d'Achille [1], traîné par

---

1. *Achille*, le héros de l'*Iliade*, | prirent part au siége de Troie,
le plus fameux des guerriers qui | avait deux coursiers immortels,

des coursiers immortels; ou celui de Phébus [1]
même, lorsque, après avoir parcouru la voûte immense des cieux, il précipite ses chevaux enflammés
dans le sein des ondes. D'abord on crut que les
lions, s'étant échappés, s'enfuyaient au hasard ;
mais bientôt on reconnut qu'ils étaient guidés avec
beaucoup d'art, et que cette course surpasserait
toutes les autres. Cependant le char paraissait vide,
et tout le monde demeurait immobile d'étonnement. Enfin la course est achevée, et le prix rem-
porté, sans qu'on puisse comprendre par qui. Les
uns croient que c'est une divinité qui se joue des
hommes; les autres assurent que c'est un homme
nommé Orodes, venu de Perse, qui avait l'art des
enchantements, qui évoquait les ombres des Enfers,
qui tenait dans ses mains toute la puissance d'Hé-
cate [2], qui envoyait à son gré la Discorde et les
Furies [3] dans l'âme de ses ennemis, qui faisait entendre la nuit les hurlements de Cerbère [4] et les
gémissements profonds de l'Érèbe [5], enfin qui pouvait éclipser la lune et la faire descendre du ciel sur
la terre. Crésus crut qu'Orodes avait mené le char:
il le fit appeler. On le trouva qui tenait dans son
sein des serpents entortillés, et qui, prononçant
entre ses dents des paroles inconnues et mysté-
rieuses, conjurait les divinités infernales. Il n'en

nommés l'un Xanthos et l'autre
Balios, que Neptune avait donnés
à Pélée, père d'Achille.

1. *Phébus*, nom mythologique
du dieu de la lumière, se prend
souvent, dans le style poétique,
pour le soleil même. Les poëtes
attèlent son char de quatre chevaux qui vomissent la flamme.

2. Déesse puissante au Ciel,
sur la terre et dans les Enfers;
on l'invoquait dans toutes les
opérations magiques.

3. La *Discorde*, ou *Éris*, et les
Furies, ou *Euménides*, habitaient
à l'entrée des Enfers.

4. *Cerbère*, chien à trois têtes,
qui gardait la porte des Enfers.

5. *L'Érèbe*, fils du Chaos et
de la Nuit, fut précipité dans le
fond des Enfers, pour avoir se-
couru les Titans. Ce mot se
prend souvent pour les Enfers
mêmes.

fallut pas davantage pour persuader qu'il était le vainqueur invisible de cette course. Il assura que non; mais le Roi ne put le croire. Callimaque était ennemi d'Orodes, parce que celui-ci avait prédit à Crésus que ce jeune homme lui causerait un jour de grands embarras, et serait la cause de la ruine entière de son royaume. Cette prédiction avait obligé Crésus à tenir Callimaque loin du monde dans un désert, et réduit à une grande pauvreté. Callimaque sentit le plaisir de la vengeance, et fut bien aise de voir l'embarras de son ennemi. Crésus pressa Orodes, et ne put pas l'obliger à dire qu'il avait couru pour le prix. Mais, comme le Roi le menaça de le punir, ses amis lui conseillèrent d'avouer la chose et de s'en faire honneur. Alors il passa d'une extrémité à l'autre : la vanité l'aveugla. Il se vanta d'avoir fait ce coup merveilleux, par la vertu de ses enchantements. Mais, dans le moment où on lui parlait, on fut bien surpris de voir le même char recommencer la même course. Puis le Roi entendit une voix qui lui disait à l'oreille : «Orodes se moque de toi; il se vante de ce qu'il n'a pas fait. » Le Roi, irrité contre Orodes, le fit aussitôt charger de fers, et jeter dans une profonde prison.

Callimaque, ayant senti le plaisir de contenter ses passions par le secours de son anneau, perdit peu à peu les sentiments de modération et de vertu qu'il avait eus dans sa solitude et dans ses malheurs. Il fut même tenté d'entrer dans la chambre du Roi, et de le tuer dans son lit. Mais on ne passe point tout d'un coup aux plus grands crimes : il eut horreur d'une action si noire, et ne put endurcir son cœur pour l'exécuter. Mais il partit pour s'en aller en Perse trouver Cyrus [1] : il lui dit les secrets

1. *Cyrus*, roi des Mèdes et des Perses, défit Crésus, et l'assiégea dans Sardes, qu'il prit après un siége, non pas long, comme il est dit plus loin, mais très-court, l'an 548 avant Jésus-Christ.

de Crésus, qu'il avait entendus, et le dessein des
Lydiens de faire une ligue contre les Perses avec
les colonies grecques de toute la côte de l'Asie Mineure[1]; en même temps, il lui expliqua les prépara-
tifs de Crésus et les moyens de le prévenir. Aussitôt
Cyrus part de dessus les bords du Tigre[2], où il était
campé avec une armée innombrable, et vient jusqu'au fleuve Halys[3], où Crésus se présenta à lui avec
des troupes plus magnifiques que courageuses. Les
Lydiens vivaient trop délicieusement pour ne craindre point la mort. Leurs habits étaient brodés d'or,
et semblables à ceux des femmes les plus vaines;
leurs armes étaient toutes dorées; ils étaient suivis
d'un nombre prodigieux de chariots superbes; l'or,
l'argent, les pierres précieuses éclataient partout
dans leurs tentes, dans leurs vases, dans leurs
meubles, et jusque sur leurs esclaves. Le faste et la
mollesse de cette armée ne devaient faire attendre
qu'imprudence et lâcheté, quoique les Lydiens fussent en beaucoup plus grand nombre que les Perses.
Ceux-ci, au contraire, ne montraient que pauvreté
et courage : ils étaient légèrement vêtus; ils vivaient de peu, se nourrissaient de racines et de légumes, ne buvaient que de l'eau, dormaient sur la
terre, exposés aux injures de l'air, exerçaient sans
cesse leurs corps pour les endurcir au travail ; ils
n'avaient pour tout ornement que le fer ; leurs
troupes étaient toutes hérissées de piques, de dards
et d'épées: aussi n'avaient-ils que du mépris pour

1. Sur la côte occidentale de l'Asie Mineure étaient répandues un grand nombre de colonies grecques, *éoliennes, ioniennes* et *doriennes*.

2. Le *Tigre* prend sa source dans les montagnes de l'Arménie, et, après avoir traversé une partie des contrées qui formaient l'empire de Cyrus, se joint à l'Euphrate et se jette dans le golfe Persique.

3. Le fleuve *Halys*, le plus grand de l'Asie Mineure, séparait la Paphlagonie d'avec le Pont il se jette dans le Pont-Euxin, aujourd'hui la mer Noire, par le golfe d'Amise.

des ennemis noyés dans les délices. A peine la bataille mérita-t-elle le nom d'un combat. Les Lydiens
ne purent soutenir le premier choc : ils se renver-
sent les uns sur les autres ; les Perses ne font que
tuer ; ils nagent dans le sang. Crésus s'enfuit jusqu'à Sardes. Cyrus l'y poursuit sans perdre un moment. Le voilà assiégé dans sa ville capitale. Il suc-
combe après un long siége ; il est pris ; on le mène
au supplice. En cette extrémité, il prononce le nom
de Solon [1]. Cyrus veut savoir ce qu'il dit. Il apprend
que Crésus déplore son malheur de n'avoir pas cru
ce Grec, qui lui avait donné de si sages conseils.
Cyrus, touché de ces paroles, donne la vie à Crésus.

Alors Callimaque commença à se dégoûter de sa
fortune. Cyrus l'avait mis au rang de ses satrapes [2],
et lui avait donné d'assez grandes richesses. Un
autre en eût été content ; mais le Lydien, avec son
anneau, se sentait en état de monter plus haut. Il
ne pouvait souffrir de se voir borné à une condition où il avait tant d'égaux et un maître. Il ne pouvait se résoudre à tuer Cyrus, qui lui avait fait tant
de bien. Il avait même quelquefois du regret d'avoir
renversé Crésus de son trône. Lorsqu'il l'avait vu
conduit au supplice, il avait été saisi de douleur. Il
ne pouvait plus demeurer dans un pays où il avait
causé tant de maux, et où il ne pouvait rassasier
son ambition. Il part ; il cherche un pays inconnu :

1. *Solon*, le législateur d'A-
thènes et l'un des sept sages de
la Grèce, était né à Salamine,
bourg de l'Attique, et descen-
dait du roi Codrus. Dans un
voyage qu'il fit pour s'instruire
des coutumes des peuples étrangers, il vint à Sardes et eut
avec le roi Crésus un long en-
tretien, où il lui dit, entre
autres choses, que ce n'était

pas la richesse qui faisait le
bonheur, qu'il arrivait souvent
que Dieu, après nous avoir fait
entrevoir la félicité, nous pré-
cipitait dans l'infortune, et qu'il
ne fallait pas se prononcer sur
le sort des hommes, ni les appeler heureux ou malheureux
avant leur mort.
2. Titre des gouverneurs de
province chez les anciens Perses.

il traverse des terres immenses, éprouve partout l'effet magique et merveilleux de son anneau, élève à son gré et renverse les rois et les royaumes, amasse de grandes richesses, parvient au faîte des honneurs, et se trouve cependant toujours dévoré de désirs. Son talisman lui procure tout, excepté la paix et le bonheur. C'est qu'on ne les trouve que dans soi-même, qu'ils sont indépendants de tous ces avantages extérieurs auxquels nous mettons tant de prix, et que, quand dans l'opulence et la grandeur on perd la simplicité, l'innocence et la modération, alors le cœur et la conscience, qui sont les vrais siéges du bonheur, deviennent la proie du trouble, de l'inquiétude, de la honte et du remords.

XXV

HISTOIRE D'ALIBÉE, PERSAN.

Schah-Abbas [1], roi de Perse, faisant un voyage, s'écarta de toute sa cour, pour passer dans la campagne sans y être connu, et pour y voir les peuples dans toute leur liberté naturelle. Il prit seulement avec lui un de ses courtisans. «Je ne connais point, lui dit le Roi, les véritables mœurs des hommes : tout ce qui nous aborde est déguisé ; c'est l'art, et non pas la nature simple, qui se montre à nous. Je veux étudier la vie rustique, et voir ce genre d'hommes qu'on méprise tant, quoiqu'ils soient le vrai soutien de toute la société humaine. Je suis las de voir des courtisans qui m'observent pour me

---

1. *Abbas*, premier du nom, dit *le Grand*, usurpa le trône de Perse en 1590, et mourut en 1628, non moins fameux par sa cruauté que par ses rares talents pour la guerre et pour l'administration.

surprendre en me flattant : il faut que j'aille voir
des laboureurs et des bergers qui ne me connais-
sent pas. » Il passa, avec son confident, au milieu de
plusieurs villages où l'on faisait des danses ; et il
était ravi de trouver, loin des cours, des plaisirs
tranquilles et sans dépense. Il fit un repas dans
une cabane ; et, comme il avait grand'faim, après
avoir marché plus qu'à l'ordinaire, les aliments
grossiers qu'il y prit lui parurent plus agréables que
tous les mets exquis de sa table. En passant dans
une prairie semée de fleurs, qui bordait un clair
ruisseau, il aperçut un jeune berger qui jouait de
la flûte à l'ombre d'un grand ormeau, auprès de
ses moutons paissants. Il l'aborde, il l'examine ; il
lui trouve une physionomie agréable, un air simple et ingénu, mais noble et gracieux. Les haillons
dont le berger était couvert ne diminuaient point
l'éclat de sa beauté. Le Roi crut d'abord que c'était
quelque personne de naissance illustre qui s'était
déguisée ; mais il apprit du berger que son père et
sa mère étaient dans un village voisin, et que son
nom était Alibée. A mesure que le Roi le question-
nait, il admirait en lui un esprit ferme et raisonnable. Ses yeux étaient vifs, et n'avaient rien d'ardent ni de farouche ; sa voix était douce, insinuante
et propre à toucher : son visage n'avait rien de
grossier, mais ce n'était pas une beauté molle et
efféminée. Le berger, d'environ seize ans, ne savait
point qu'il fût tel qu'il paraissait aux autres : il
croyait penser, parler, être fait comme tous les autres bergers de son village, mais, sans éducation, il
avait appris tout ce que la raison fait apprendre à
ceux qui l'écoutent. Le Roi, l'ayant entretenu fami-
lièrement, en fut charmé : il sut de lui sur l'état
des peuples tout ce que les rois n'apprennent jamais d'une foule de flatteurs qui les environnent.
De temps en temps, il riait de la naïveté de cet en-

fant, qui ne ménageait rien dans ses réponses. C'é-
tait une grande nouveauté pour le Roi, que d'entendre parler si naturellement. Il fit signe au courtisan
qui l'accompagnait de ne point découvrir qu'il était
le Roi; car il craignait qu'Alibée ne perdît, en un
moment, toute sa liberté et toutes ses grâces, s'il venait à savoir devant qui il parlait. « Je vois bien, disait le Prince au courtisan, que la nature n'est pas
moins belle dans les plus basses conditions que
dans les plus hautes. Jamais enfant de roi n'a paru
mieux né que celui-ci qui, garde les moutons. Je me
trouverais trop heureux d'avoir un fils aussi beau,
aussi sensé, aussi aimable. Il me paraît propre à
tout; et, si on a soin de l'instruire, ce sera assuré-
ment un jour un grand homme : je veux le faire
élever auprès de moi. » Le Roi emmena Alibée, qui
fut bien surpris d'apprendre à qui il s'était rendu
agréable. On lui fit apprendre à lire, à écrire, à
chanter, et ensuite on lui donna des maîtres pour
les arts et pour les sciences qui ornent l'esprit. D'a-
bord il fut un peu ébloui de la Cour; et son grand
changement de fortune changea un peu son cœur.
Son âge et sa faveur joints ensemble altérèrent un
peu sa sagesse et sa modération. Au lieu de sa houlette, de sa flûte et de son habit de berger, il prit
une robe de pourpre, brodée d'or, avec un turban
couvert de pierreries. Sa beauté effaça tout ce que
la Cour avait de plus agréable. Il se rendit capable
des affaires les plus sérieuses, et mérita la confiance
de son maître, qui, connaissant le goût exquis d'A-
libée pour toutes les magnificences d'un palais, lui
donna enfin une charge très-considérable en Perse,
qui est celle de garder tout ce que le Prince a de
pierreries et de meubles précieux.

Pendant toute la vie du grand Schah-Abbas, la
faveur d'Alibée ne fit que croître. A mesure qu'l
s'avança dans un âge plus mûr, il se ressouvint

enfin de son ancienne condition, et souvent il la regrettait. « O beaux jours, disait-il en lui-même, jours innocents, jours où j'ai goûté une joie pure et sans péril, jours depuis lesquels je n'en ai vu aucun de si doux, ne vous reverrai-je jamais ? Celui qui m'a privé de vous, en me donnant tant de richesses, m'a tout ôté. » Il voulut aller revoir son village ; il s'attendrit dans tous les lieux où il avait autrefois dansé, chanté, joué de la flûte avec ses compagnons. Il fit quelque bien à tous ses parents et à tous ses amis ; mais il leur souhaita, pour principal bonheur, de ne quitter jamais la vie champêtre, et de n'éprouver jamais les malheurs de la Cour.

Il les éprouva, ces malheurs. Après la mort de son bon maître Schah-Abbas, son fils Schah-Sephi [1] succéda à ce prince. Des courtisans envieux et pleins d'artifice trouvèrent moyen de le prévenir contre Alibée. « Il a abusé, disaient-ils, de la confiance du feu roi ; il a amassé des trésors immenses et a détourné plusieurs choses d'un très-grand prix, dont il était dépositaire. » Schah-Sephi était tout ensemble jeune et prince : il n'en fallait pas tant pour être crédule, inappliqué, et sans précaution. Il eut la vanité de vouloir paraître réformer ce que le Roi son père avait fait, et juger mieux que lui. Pour avoir un prétexte de déposséder Alibée de sa charge, il lui demanda, selon le conseil de ces courtisans envieux, de lui apporter un cimeterre garni de diamants d'un prix immense, que le Roi son grand-père avait accoutumé de porter dans les combats. Schah-Abbas avait fait autrefois ôter de ce cimeterre tous ces beaux diamants ; et

1. Abbas eut pour successeur Sefy, qui était, non son fils, mais son petit-fils. Ce prince, qui monta sur le trône en 1628, à l'âge de dix-sept ans, et mourut en 1642, est le despote le plus féroce qui ait gouverné la Perse.

Alibée prouva, par de bons témoins, que la chose
avait été faite par l'ordre du feu roi, avant que la

ON NE TROUVA EN CE LIEU QUE LA HOULETTE, LA
FLUTE ET L'HABIT DU BERGER.

charge eût été donnée à Alibée. Quand les ennemis
d'Alibée virent qu'ils ne pouvaient plus se servir

de ce prétexte pour le perdre, ils conseillèrent à
Schah-Sephi de lui commander de faire, dans
quinze jours, un inventaire exact de tous les meubles
précieux dont il était chargé. Au bout de quinze
jours, il demanda à voir lui-même toutes choses. Alibée lui ouvrit toutes les portes, et lui montra tout
ce qu'il avait en garde. Rien n'y manquait; tout
était propre, bien rangé, et conservé avec grand
soin. Le Roi, bien mécompté de trouver partout
tant d'ordre et d'exactitude, était presque revenu en faveur d'Alibée, lorsqu'il aperçut au bout
d'une grande galerie, pleine de meubles très-
somptueux, une porte de fer qui avait trois grandes serrures. « C'est là, lui dirent à l'oreille les
courtisans jaloux, qu'Alibée a caché toutes les
choses précieuses qu'il vous a dérobées. » Aussitôt
le Roi, en colère, s'écria : « Je veux voir ce qui est au
delà de cette porte. Qu'y avez-vous mis ? montrez-
le-moi. » A ces mots, Alibée se jeta à ses genoux, le
conjurant, au nom de Dieu, de ne lui ôter pas ce
qu'il avait de plus précieux sur la terre. « Il n'est
pas juste, disait-il, que je perde, en un moment,
ce qui me reste, et qui fait ma ressource, après
avoir travaillé tant d'années auprès du Roi votre
père. Otez-moi, si vous voulez, tout le reste ; mais
laissez-moi ceci. » Le Roi ne douta point que ce
ne fût un trésor mal acquis, qu'Alibée avait amassé.
Il prit un ton plus haut, et voulut absolument
qu'on ouvrît cette porte. Enfin Alibée, qui en avait
les clefs, l'ouvrit lui-même. On ne trouva en ce
lieu que la houlette, la flûte, et l'habit de berger
qu'Alibée avait porté autrefois, et qu'il revoyait
souvent avec joie, de peur d'oublier sa première
condition. « Voilà, dit-il, ô grand Roi, les précieux
restes de mon ancien bonheur : ni la fortune ni
votre puissance n'ont pu me les ôter. Voilà mon
trésor, que je garde pour m'enrichir, quand vous

m'aurez fait pauvre. Reprenez tout le reste ; laissez-moi ces chers gages de mon premier état. Les
voilà mes vrais biens, qui ne me manqueront jamais. Les voilà ces biens simples, innocents, toujours doux à ceux qui savent se contenter du nécessaire, et ne se tourmenter point pour le su-
perflu. Les voilà ces biens dont la liberté et la
sûreté sont les fruits. Les voilà ces biens qui ne
m'ont jamais donné un moment d'embarras. O chers
instruments d'une vie simple et heureuse, je
n'aime que vous ; c'est avec vous que je veux vivre
et mourir. Pourquoi faut-il que d'autres biens trom-
peurs soient venus me tromper, et troubler le repos
de ma vie ? Je vous les rends, grand Roi, toutes
ces richesses qui me viennent de votre libéralité :
je ne garde que ce j'avais quand le Roi votre père
vint, par ses grâces, me rendre malheureux. »

Le Roi, entendant ces paroles, comprit l'innocence d'Alibée; et, étant indigné contre les
courtisans qui l'avaient voulu perdre, il les chassa
d'auprès de lui. Alibée devint son principal officier,
et fut chargé des affaires les plus secrètes; mais
il revoyait tous les jours sa houlette, sa flûte et son
ancien habit, qu'il tenait toujours prêts dans son
trésor, pour les reprendre, dès que la fortune inconstante troublerait sa faveur. Il mourut dans une
extrême vieillesse, sans avoir jamais voulu ni faire
punir ses ennemis, ni amasser aucun bien, et ne
laissant à ses parents que de quoi vivre dans la
condition de bergers, qu'il crut toujours la plus
sûre et la plus heureuse.

XXVI

LES ABEILLES ET LES VERS A SOIE.

Un jour les Abeilles montèrent jusque dans l'O-
lympe [1], au pied du trône de Jupiter, pour le prier
d'avoir égard au soin qu'elles avaient pris de son
enfance, quand elles le nourrirent de leur miel sur
le mont Ida [2]. Jupiter voulut leur accorder les premiers honneurs entre tous les petits animaux; mais
Minerve [3], qui préside aux arts, lui représenta qu'il
y avait une autre espèce qui disputait aux Abeilles
la gloire des inventions utiles. Jupiter voulut en
savoir le nom. « Ce sont les Vers à soie, » répondit-
elle. Aussitôt le père des Dieux ordonna à Mercure [4]
de faire venir sur les ailes des doux zéphyrs des
députés de ce petit peuple, afin qu'on pût entendre les raisons des deux partis. L'Abeille ambassa-
drice de sa nation représenta la douceur du miel,
qui est le nectar [5] des hommes, son utilité, l'artifice
avec lequel il est composé; puis elle vanta la
sagesse des lois qui policent la république volante
des Abeilles. « Nulle autre espèce d'animaux, disait
l'orateur, n'a cette gloire; et c'est une récompense
d'avoir nourri dans un antre le père des Dieux. De
plus, nous avons en partage la valeur guerrière,
quand notre roi anime nos troupes dans les combats.

1. Célèbre montagne entre la Thessalie et la Macédoine, au sommet de laquelle, disait-on, Jupiter, roi et père des Dieux, faisait sa demeure avec toute sa cour.

2. *Jupiter*, fils de Saturne et de Rhéa, fut allaité par la chèvre Amalthée et nourri par les abeilles dans une grotte de l'Ida, montagne de l'île de Crète.

3. *Minerve*, fille de Jupiter, déesse de la sagesse et des arts.

4. *Mercure*, voyez viii, p. 24, note 1.

5. *Le nectar*, voyez vi, p. 20, note 1.

Comment est-ce que ces Vers, insectes vils et méprisables, oseraient nous disputer le premier rang ? Ils ne savent que ramper, pendant que nous prenons un noble essor, et que de nos ailes dorées nous montons jusque vers les astres. » Le harangueur des Vers à soie répondit : « Nous ne sommes que de petits vers, et nous n'avons ni ce grand courage pour la guerre, ni ces sages lois ; mais chacun de nous montre les merveilles de la nature, et se consume dans un travail utile. Sans lois, nous vivons en paix, et on ne voit jamais de guerres civiles chez nous, pendant que les Abeilles s'entre-tuent à chaque changement de roi. Nous avons la vertu de Protée [1] pour changer de forme. Tantôt nous sommes de petits vers composés d'onze petits anneaux, entrelacés avec la variété des plus vives couleurs qu'on admire dans les fleurs d'un parterre. Ensuite nous filons de quoi vêtir les hommes les plus magnifiques jusque sur le trône, et de quoi orner les temples des Dieux. Cette parure si belle et si durable vaut bien du miel, qui se corrompt bientôt. Enfin nous nous transformons en fève [2], mais en fève qui sent, qui se meut, et qui montre toujours de la vie. Après ces prodiges, nous devenons tout à coup des papillons avec l'éclat des plus riches couleurs. C'est alors que nous ne cédons plus aux Abeilles, pour nous élever d'un vol hardi jusque vers l'Olympe. Jugez maintenant, ô père des Dieux. » Jupiter, embarrassé pour la décision, déclara enfin que les Abeilles tiendraient le premier rang, à cause des droits qu'elles avaient acquis depuis les anciens temps. « Quel moyen, dit-il, de les dégrader ? je leur ai trop d'obligation ; mais

---

1. *Protée*, fils de l'Océan et de Téthys, gardien des troupeaux de Neptune, avait le pouvoir de changer de corps et de prendre toutes les figures qu'il voulait.

2. C'est-à-dire en chrysalide.

je crois que les hommes doivent encore plus aux
Vers à soie. »

XXVII

LE NIL ET LE GANGE [1].

Un jour deux fleuves, jaloux l'un de l'autre, se
présentèrent à Neptune [2] pour disputer le premier
rang. Le Dieu était sur un trône d'or, au milieu
d'une grotte profonde. La voûte était de pierres
ponces, mêlées de rocailles et de conques marines.
Les eaux immenses venaient de tous côtés, et se
suspendaient en voûte au-dessus de la tête du Dieu.
Là paraissaient le vieux Nérée [3], ridé et courbé comme
Saturne [4]; le grand Océan [5], père de tant de Nymphes;
Téthys, pleine de charmes; Amphitrite [6], avec le petit
Palémon; Ino et Mélicerte [7], la foule des jeunes Né-

---

1. Le *Nil*, grand fleuve de
l'Afrique, qui coule du sud au
nord. Il traverse la Nubie, et
l'Égypte, qu'il fertilise par ses
inondations, et se jette dans la
Méditerranée, par plusieurs em-
bouchures. On a fait, surtout
dans ces derniers temps, de
nombreux voyages pour découvrir sa source. — Le *Gange*
est un grand fleuve de l'Indostan. Il coule du nord-ouest au
sud-est et se perd dans le golfe
du Bengale.

2. *Neptune*, fils de Saturne et
de Rhéa, frère de Jupiter et de
Pluton, était le dieu de la mer
et avait l'empire des eaux.

3. *Nérée*, dieu marin, fils de
l'Océan et de Téthys, et père des
Néréides.

4. *Saturne*, ou le Temps, fils
de Cœlus et père de Jupiter, de
Neptune et de Pluton, est ordi-
nairement représenté sous la
forme d'un vieillard tenant une
faux.

5. L'*Océan*, fils du Ciel et de
Vesta, épousa Téthys, dont il eut
beaucoup d'enfants, et particulièrement les Nymphes nommées
Océanides ou Océanines.

6. *Amphitrite*, fille de l'Océan,
ou, selon d'autres, de Nérée,
était femme de Neptune et par-
tageait avec lui l'empire des
eaux.

7. *Ino*, fille de Cadmus et
femme d'Athamas, se précipite
dans la mer avec son fils Mélicerte. Neptune les métamorphosa
tous deux en divinités de la

réides couronnées de fleurs. Protée [1] même y était
accouru, avec ses troupeaux marins, qui, de leurs
vastes narines ouvertes, avalaient l'onde amère, pour
la revomir comme des fleuves rapides qui tombent
des rochers escarpés. Toutes les petites fontaines
transparentes, les ruisseaux bondissants et écumeux,
les fleuves qui arrosent la terre, les mers qui l'environnent, venaient apporter le tribut de leurs eaux
dans le sein immobile du souverain père des ondes.
Les deux fleuves, dont l'un est le Nil et l'autre le
Gange, s'avancent. Le Nil tenait dans sa main une
palme, et le Gange, ce roseau indien dont la moelle
rend un suc si doux que l'on nomme sucre. Ils étaient
couronnés de jonc. La vieillesse des deux était éga-
lement majestueuse et vénérable. Leurs corps ner-
veux étaient d'une vigueur et d'une noblesse au-
dessus de l'homme. Leur barbe, d'un vert bleuâtre,
flottait jusqu'à leur ceinture; leurs yeux étaient
vifs et étincelants, malgré un séjour si humide.
Leurs sourcils épais et mouillés tombaient sur leurs
paupières. Ils traversent la foule des monstres marins; les troupeaux de Tritons [2] folâtres sonnaient de
la trompette avec leurs conques recourbées; les dau-
phins s'élevaient au-dessus de l'onde, qu'ils faisaient
bouillonner par les mouvements de leurs queues,
et ensuite se replongeaient dans l'eau avec un
bruit effroyable, comme si les abîmes se fussent
ouverts.

Le Nil parla le premier ainsi : « O grand fils de
Saturne, qui tenez le vaste empire des eaux, compa-
tissez à ma douleur; on m'enlève injustement la

---

mer, et Ino prit le nom de Leu-
cothéa, et Mélicerte, celui de Palémon. Ainsi Palémon et Mélicerte, dont Fénelon fait ici deux
divinités distinctes ne sont qu'un
seul et même dieu.

1. *Protée.* Voyez xxvi, p. 90,
note 1.

2. Dieux marins, moitié hommes et moitié poissons, qu'on représente ayant à la main une
conque en guise de trompette.

gloire dont je jouis depuis tant de siècles : un nouveau fleuve, qui ne coule qu'en des pays barbares,
ose me disputer le premier rang. Avez-vous oublié
que la terre d'Égypte, fertilisée par mes eaux, fut
l'asile des Dieux, quand les Géants voulurent esca-
lader l'Olympe [1]? C'est moi qui donne à cette terre
son prix; c'est moi qui fais l'Égypte si délicieuse et
si puissante. Mon cours est immense : je viens de ces
climats brûlants dont les mortels n'osent approcher;
et quand Phaéton [2], sur le char du soleil, embrasait
les terres, pour l'empêcher de faire tarir mes eaux,
je cachai si bien ma tête superbe, qu'on n'a point
encore pu, depuis ce temps-là, découvrir où est ma
source et mon origine. Au lieu que les débordements
déréglés des autres fleuves ravagent les campagnes,
le mien, toujours régulier, répand l'abondance dans
ces heureuses terres d'Égypte, qui sont plutôt un
beau jardin qu'une campagne. Mes eaux dociles se
partagent en autant de canaux qu'il plaît aux habitants, pour arroser leurs terres et pour faciliter leur
commerce. Tous mes bords sont pleins de villes, et
on en compte jusques à vingt mille dans la seule
Égypte. Vous savez que mes catadoupes ou cataractes [3] font une chute merveilleuse de toutes mes
eaux de certains rochers en bas, au-dessus des
plaines d'Égypte. On dit même que le bruit de mes
eaux, dans cette chute, rend sourds tous les habitants du pays. Sept bouches différentes apportent

1. L'*Olympe*. Voyez xxvi,
p. 89, note 1.
2. *Phaéton*, fils d'Apollon et
de la nymphe Clymène, obtint
de son père de conduire, pendant
un jour, le char du soleil;
mais les chevaux attelés à ce
char, ne connaissant pas sa
main, refusèrent de lui obéir, et
le char était tantôt trop rappro-
ché et tantôt trop éloigné de la
terre. Jupiter, pour remédier à
ce désordre, foudroya Phaéton.
3. Avant d'entrer en Égypte,
le Nil forme deux cataractes
très-célèbres. On appelle *cata-
racte* ou *catadoupe* la chute des
eaux d'une grande rivière, lorsqu'elles se précipitent d'un lieu
très-élevé

mes eaux dans votre empire; et le Delta [1] qu'elles
forment est la demeure du plus sage, du plus savant,
du mieux policé et du plus ancien peuple de l'u-
nivers; il compte beaucoup de milliers d'années
dans son histoire, et dans la tradition de ses prêtres.
J'ai donc pour moi la longueur de mon cours, l'an-
cienneté de mes peuples, les merveilles des Dieux
accomplies sur mes rivages, la fertilité des terres
par mes inondations, la singularité de mon origine
inconnue. Mais pourquoi raconter tous mes avantages contre un adversaire qni en a si peu? Il sort
des terres sauvages et glacées des Scythes [2], se jette
dans une mer qui n'a aucun commerce qu'avec des
barbares; ces pays ne sont célèbres que pour avoir
été subjugués par Bacchus [3], suivi d'une troupe de
femmes ivres et échevelées, dansant avec des thyrses [4]
en main. Il n'a sur ses bords ni peuples polis et savants, ni villes magnifiques, ni monuments de la
bienveillance des Dieux : c'est un nouveau venu qui
se vante sans preuve. O puissant dieu, qui com-
mandez aux vagues et aux tempêtes, confondez sa
témérité. »

« C'est la vôtre qu'il faut confondre, répliqua alors
le Gange. Vous êtes, il est vrai, plus anciennement
connu ; mais vous n'existiez pas avant moi. Comme
vous, je descends de hautes montagnes, je parcours
de vastes pays, je reçois le tribut de beaucoup de
rivières, je me rends par plusieurs bouches dans le

1. Le *Delta* est une île de
forme triangulaire, renfermée
entre les deux bras principaux
du Nil, et qui donnait quelquefois son nom à la basse Égypte,
parce qu'elle en formait la partie principale.

2. Le Gange prend sa source
dans l'Himalaya, montagne qui
sépare la Tartarie de l'Inde. Les
anciens donnaient le nom de
Scythie à tous les pays situés
dans la partie septentrionale de
l'Asie.

3 *Bacchus*, dieu du vin, fils
de Jupiter et de Sémélé.

4. Javelots, entourés de pampre et de lierre et terminés par
une pomme de pin, dont les
Bacchantes étaient armées.

sein des mers, et je fertilise les plaines que j'inonde.
Si je voulais, à votre exemple, donner dans le merveilleux, je dirais, avec les Indiens, que je descends
du ciel, et que mes eaux bienfaisantes ne sont pas
moins salutaires à l'âme qu'au corps. Mais ce n'est
pas devant le dieu des fleuves et des mers qu'il faut
se prévaloir de ces prétentions chimériques. Créé
cependant quand le monde sortit du chaos [1], plusieurs
écrivains me font naître dans le jardin de délices
qui fut le séjour du premier homme [2]. Mais ce qu'il
y a de certain, c'est que j'arrose encore plus de
royaumes que vous ; c'est que je parcours des terres
aussi riantes et aussi fécondes ; c'est que je roule
cette poudre d'or si recherchée, et peut-être si funeste au bonheur des hommes ; c'est qu'on trouve
sur mes bords des perles, des diamants, et tout ce
qui sert à l'ornement des temples et des mortels :
c'est qu'on voit sur mes rives des édifices superbes,
et qu'on y célèbre de longues et magnifiques fêtes.
Les Indiens, comme les Égyptiens, ont aussi leurs
antiquités, leurs métamorphoses, leurs fables ; mais
ce qu'ils ont plus qu'eux, ce sont d'illustres gymno-
sophistes [3], des philosophes éclairés. Qui de vos
prêtres si renommés pourriez-vous comparer au
fameux Pilpay [4] ? Il a enseigné aux princes les prin-
cipes de la morale et l'àrt de gouverner avec justice
et bonté. Ses apologues ingénieux ont rendu son
nom immortel ; on les lit, mais on n'en profite guère

1. Fénelon désigne ici par le mot
chaos la confusion ou toutes
choses étaient d'abord au moment
de la création, avant que Dieu les
eût séparées et ordonnées.

2. Dans le Paradis terrestre.

3. Nom donné par les anciens
à des philosophes indiens, qui
allaient presque nus, s'abste-
naient de viandes, renonçaient à
toutes les voluptés, et s'adon-
naient à la contemplation des
choses de la nature.

4. On appelle *Fables de Pilpay* ou *Bidpaï*, un recueil d'apologues célèbres, dont l'original,
écrit en langue sanscrite, porte
le nom de *Pantchatantra*, et
passe pour l'œuvre d'un brahmane, nommé *Vichnousarma*.

dans les États que j'enrichis; et ce qui fait notre honte à tous les deux, c'est que nous ne voyons sur nos bords que des princes malheureux, parce qu'ils n'aiment que les plaisirs et une autorité sans bornes; c'est que nous ne voyons dans les plus belles contrées du monde que des peuples misérables, parce qu'ils sont presque tous esclaves, presque tous victimes des volontés arbitraires et de la cupidité insatiable des maîtres qui les gouvernent ou plutôt qui les écrasent. A quoi me servent donc et l'antiquité de mon origine, et l'abondance de mes eaux, et tout le spectacle des merveilles que j'offre au navigateur? Je ne veux ni les honneurs ni la gloire de la préférence, tant que je ne contribuerai pas plus au bonheur de la multitude, tant que je ne servirai qu'à entretenir la mollesse ou l'avidité de quelques tyrans fastueux et inappliqués. Il n'y a rien de grand, rien d'estimable, que ce qui est utile au genre humain. »

Neptune et l'assemblée des dieux marins applaudirent au discours du Gange, louèrent sa tendre compassion pour l'humanité vexée et souffrante. Ils lui firent espérer que, d'une autre partie du monde, il se transporterait dans l'Inde des nations policées et humaines, qui pourraient éclairer les princes sur leur vrai bonheur, et leur faire comprendre qu'il consiste principalement, comme il le croyait avec tant de vérité, à rendre heureux tous ceux qui dépendent d'eux, et à les gouverner avec sagesse et modération.

XXVIII

LE JEUNE BACCHUS ET LE FAUNE.

Un jour le jeune Bacchus[1], que Silène[2] instruisait, cherchait les Muses[3] dans un bocage dont le silence n'était troublé que par le bruit des fontaines et par le chant des oiseaux. Le soleil n'en pouvait, avec ses rayons, percer la sombre verdure. L'enfant de Sémélé[4], pour étudier la langue des Dieux, s'assit dans un coin, au pied d'un vieux chêne, du tronc duquel plusieurs hommes de l'âge d'or étaient nés. Il avait même autrefois rendu des oracles[5], et le temps n'avait osé l'abattre de sa tranchante faux. Auprès de ce chêne sacré et antique se cachait un jeune Faune[6], qui prêtait l'oreille aux vers que chantait l'enfant, et qui marquait à Silène, par un ris moqueur, toutes les fautes que faisait son disciple. Aussitôt les Naïades[7] et les autres Nymphes du bois souriaient aussi. Ce critique était jeune, gracieux et folâtre ; sa tête était couronnée de lierre et de pampre; ses tempes étaient ornées de grappes de raisin; de son épaule gauche pendait sur son côté

1. *Bacchus.* Voyez xxvii, p. 94, note 3.

2. *Silène,* vieux Satyre, père nourricier et compagnon de Bacchus.

3. Les neuf *Muses,* filles de Jupiter et de Mnémosyne, étaient les déesses des lettres, des sciences et des arts.

4. *Sémélé,* mère de Bacchus, était fille de Cadmus et d'Harmonia.

5. Il y avait auprès de Dodone, ville d'Épire, une forêt consacrée à Jupiter et dont les chênes rendaient des oracles.

6. Les *Faunes* étaient chez les Romains ce que les Satyres étaient chez les Grecs, c'est-à-dire des dieux champêtres, moitié hommes et moitié boucs, qui habitaient les forêts et les montagnes.

7. Les *Naïades* étaient des Nymphes, filles de Jupiter, qui présidaient aux fleuves et aux fontaines. Les autres Nymphes des bois sont les Dryades, les Hamadryades, les Napées, etc.

droit, en écharpe, un feston de lierre : et le jeune
Bacchus se plaisait à voir ces feuilles, consacrées à
sa divinité. Le Faune était enveloppé, au-dessous de
la ceinture, par la dépouille affreuse et hérissée
d'une jeune lionne qu'il avait tuée dans les forêts.
Il tenait dans sa main une houlette courbée et
noueuse. Sa queue paraissait derrière, comme se
jouant sur son dos. Mais, comme Bacchus ne pouvait souffrir un rieur malin, toujours prêt à se moquer de ses expressions, si elles n'étaient pures et
élégantes, il lui dit d'un ton fier et impatient :
« Comment oses-tu te moquer du fils de Jupiter ? »
Le Faune répondit sans s'émouvoir : « Hé ! comment
le fils de Jupiter ose-t-il faire quelque faute ? »

XXIX

LE NOURRISSON DES MUSES FAVORISÉ DU SOLEIL.

Le Soleil, ayant laissé le vaste tour du ciel en
paix, avait fini sa course, et plongé ses chevaux
fougueux dans le sein des ondes de l'Hespérie[1]. Le
bord de l'horizon était encore rouge comme la
pourpre, et enflammé des rayons ardents qu'il y
avait répandus sur son passage. La brûlante Canicule[2] desséchait la terre ; toutes les plantes alté-
rées languissaient ; les fleurs ternies penchaient
leurs têtes, et leurs tiges malades ne pouvaient plus
les soutenir ; les Zéphyrs mêmes retenaient leurs
douces haleines ; l'air que les animaux respiraient

---

1. C'est-à-dire de l'Occident.
2. La *Canicule* est une con-
-tellation, autrement nommée le
Grand Chien, à laquelle on a attri-
bué les grandes chaleurs, parce
qu'elle se lève et se couche avec
le soleil, durant les mois de juillet et d'août.

était semblable à de l'eau tiède. La nuit, qui répand, avec ses ombres, une douce fraîcheur, ne pouvait tempérer la chaleur dévorante que le jour avait
causée : elle ne pouvait verser sur les hommes
abattus et défaillants, ni la rosée qu'elle fait distil-
ler quand Vesper[1] brille à la queue des autres étoi-
les, ni cette moisson de pavots qui font sentir les
charmes du sommeil à toute la nature fatiguée. Le
Soleil seul, dans le sein de Téthys[2], jouissait d'un
profond repos; mais ensuite, quand il fut obligé de
remonter sur son char attelé par les Heures[3] et
devancé par l'Aurore, qui sème son chemin de roses, il aperçut tout l'Olympe[4] couvert de nuages ;
il vit les restes d'une tempête qui avait effrayé les
mortels pendant toute la nuit. Les nuages étaient
encore empestés de l'odeur des vapeurs soufrées
qui avaient allumé les éclairs et fait gronder le menaçant tonnerre; les Vents[5] séditieux, ayant rompu
leurs chaînes et forcé leurs cachots profonds, mu-
gissaient encore dans les vastes plaines de l'air ;
des torrents tombaient des montagnes dans tous les
vallons. Celui dont l'œil plein de rayons anime
toute la nature, voyait de toutes parts, en se levant, le reste d'un cruel orage. Mais, ce qui l'émut
davantage, il vit un jeune nourrisson des Muses[6]
qui lui était fort cher, et à qui la tempête avait dé-
robé le sommeil lorsqu'il commençait déjà à éten-
dre ses sombres ailes sur ses paupières[7]. Il fut sur

---

1. C'est le nom qu'on donne à
la planète de Vénus lorsqu'elle
paraît à l'occident, peu après le
coucher du soleil.

2. C'est-à-dire de la mer. *Téthys* était l'épouse de l'Océan.

3. Les *Heures*, filles de Jupiter et de Thémis, présidaient
aux saisons, et avaient soin du
char et des chevaux du Soleil.

4. L'*Olympe*. Voyez xxvi,
p. 89, note 1.

5. Les *Vents* avaient pour roi
Éole, qui les tenait enchaînés
dans de profondes cavernes.

6. Les *Muses*. Voyez xxviii,
p. 97, note 3.

7. Le Sommeil, fils de la Nuit
et frère de la Mort, endort les
hommes en les touchant de son

le point de ramener ses chevaux en arrière, et de retarder le jour, pour rendre le repos à celui qui l'avait perdu. « Je veux, dit-il, qu'il dorme : le sommeil rafraîchira son sang, apaisera sa bile, lui donnera la santé et la force dont il aura besoin pour imiter les travaux d'Hercule[1], lui inspirera je ne sais quelle douceur tendre qui pourrait seule lui manquer. Pourvu qu'il dorme, qu'il rie, qu'il adoucisse son tempérament, qu'il aime les jeux de la société, qu'il prenne plaisir à aimer les hommes et à se faire aimer d'eux, toutes les grâces de l'esprit et du corps viendront en foule pour l'orner.»

XXX

LE ROSSIGNOL ET LA FAUVETTE.

Sur les bords toujours verts du fleuve Alphée[2], il y a un bocage sacré, où trois Naïades[3] répandent à grand bruit leurs eaux claires, et arrosent les fleurs naissantes ; les Grâces[4] y vont souvent se baigner. Les arbres de ce bocage ne sont jamais agités par les vents, qui les respectent ; ils sont seulement caressés par le souffle des doux zéphirs. Les Nymphes et les Faunes[5] y font la nuit des danses au son de la flûte de Pan[6]. Le soleil ne saurait percer de ses rayons l'ombre épaisse que forment les rameaux

bâton, ou en étendant sur eux ses sombres ailes.

1. Voyez xv, p. 37, note 3.
2. Fleuve de l'Élide, qui prend sa source en Arcadie et se jette dans la mer Ionienne.
3 Voyez xxviii, p. 97, note 7.
4. Voyez ix, p. 21, note 2.

5. Voyez xxviii, p. 97, note 6.
6. *Pan* était le dieu des troupeaux et des bergers. On le représente jouant d'un instrument appelé de son nom *flûte de Pan*, et qui est composé de morceaux de roseau, de grandeurs inégales.

entrelacés de ce bocage. Le silence, l'obscurité et la délicieuse fraîcheur y règnent le jour comme la nuit. Sous ce feuillage, on entend Philomèle[1] qui chante d'une voix plaintive et mélodieuse ses anciens malheurs, dont elle n'est pas encore consolée. Une jeune Fauvette, au contraire, y chante ses plaisirs, et elle annonce le printemps à tous les bergers d'alentour. Philomèle même est jalouse des chansons tendres de sa compagne. Un jour, elles aperçurent un jeune berger qu'elles n'avaient point encore vu dans ces bois; il leur parut gracieux, noble, aimant les Muses[2] et l'harmonie : elles crurent que c'était Apollon[3], tel qu'il fut autrefois chez le roi Admète, ou du moins quelque jeune héros du sang de ce dieu. Les deux oiseaux, inspirés par les Muses, commencèrent aussitôt à chanter ainsi :

Quel est donc ce berger, ou ce dieu inconnu, qui vient orner notre bocage? Il est sensible à nos chansons; il aime la poésie : elle adoucira son cœur, et le rendra aussi aimable qu'il est fier.

Alors Philomèle continua seule :

Que ce jeune héros croisse en vertu, comme une fleur que le printemps fait éclore! qu'il aime les doux jeux de l'esprit! que les Grâces soient sur ses lèvres! que la sagesse de Minerve[4] règne dans son cœur!

La Fauvette lui répondit :

Qu'il égale Orphée[5] par les charmes de sa voix, et Her-

1. *Philomèle*, fille de Pandion, roi d'Athènes. Térée l'attira dans ses piéges, puis lui coupa la langue et l'enferma. Après avoir été délivrée par Procné, sa sœur, elle fut métamorphosée en rossignol.
2. Voyez xxviii, p. 97, note 3.
3. *Apollon*, dieu de la lumière,
de la médecine, de la poésie, des arts, etc., fut chassé du Ciel, pour avoir tué les Cyclopes. Pendant cet exil, il se retira chez Admète, roi de Thessalie, dont il garda les troupeaux.
4. Voyez xxvi, p. 89, note 3.
5. *Orphée*, fils d'Apollon et de Calliope, jouait si bien de la lyre,

cule [1] par ses hauts faits! qu'il porte dans son cœur l'audace d'Achille [2], sans en avoir la férocité! Qu'il soit bon, qu'il soit sage, bienfaisant, tendre pour les hommes, et aimé d'eux! Que les Muses fassent naître en lui toutes les vertus!

Puis les deux oiseaux inspirés reprirent ensemble :

Il aime nos douces chansons; elles entrent dans son cœur, comme la rosée tombe sur nos gazons brûlés par le soleil. Que les Dieux le modèrent, et le rendent toujours fortuné! qu'il tienne en sa main la corne d'abondance [3]! que l'âge d'or revienne par lui! que la sagesse se répande de son cœur sur tous les mortels! et que les fleurs naissent sous ses pas!

Pendant qu'elles chantèrent, les Zéphyrs retinrent leurs haleines; toutes les fleurs du bocage s'épanouirent; les ruisseaux formés par les trois fontaines suspendirent leur cours; les Satyres et les Faunes [4], pour mieux écouter, dressaient leurs oreilles aiguës; Écho redisait ces belles paroles à tous les rochers d'alentour; et toutes les Dryades [5] sortirent du sein des arbres verts, pour admirer celui que Philomèle et sa compagne venaient de chanter.

que les arbres et les rochers quittaient leur place pour s'attrouper autour de lui et pour l'entendre.

1. Voyez xv, p. 37, note 3.
2. Voyez xxiv, p. 77, note 1.
3. L'Abondance est une divinité allégorique qu'on représente sous la figure d'une jeune fille tenant en sa main une corne remplie de fleurs et de fruits.

4. Voyez xxviii, p. 97, note 6.
5. Les *Dryades* sont des Nymphes des bois. Voyez p. 97, note 7.

XXXI

LE DÉPART DE LYCON.

Quand la Renommée[1], par le son éclatant de sa trompette, eut annoncé aux divinités rustiques et aux bergers de Cynthe[2] le départ de Lycon, tous ces bois si sombres retentirent de plaintes amères. Écho les répétait tristement à tous les vallons d'alentour. On n'entendait plus le doux son de la flûte ni celui du hautbois. Les bergers mêmes, dans leur douleur, brisaient leurs chalumeaux. Tout languissait : la tendre verdure des arbres commençait à s'effacer ; le ciel, jusqu'alors si serein, se chargeait de noires tempêtes ; les cruels Aquilons[3] faisaient déjà frémir les bocages comme en hiver. Les divinités même les plus champêtres ne furent pas insensibles à cette perte : les Dryades[4] sortaient des troncs creux des vieux chênes pour regretter Lycon. Il se fit une assemblée de ces tristes divinités autour d'un grand arbre qui élevait ses branches vers les cieux et qui couvrait de son ombre épaisse la terre sa mère, depuis plusieurs siècles. Hélas! autour de ce vieux tronc noueux et d'une grosseur prodigieuse, les Nymphes de ce bois, accoutumées à faire leurs danses et leurs jeux folâtres, vinrent raconter leur malheur. « C'en est fait, disaient-elles, nous ne reverrons plus Lycon ; il nous quitte ; la fortune en-

---

1. Divinité allégorique, que les poëtes représentent sous la figure d'un monstre difforme,

Tout couvert d'oreilles et d'yeux,
Dont la voix ressemble au tonnerre,
Et qui, des pieds touchant la terre,

Cache sa tête dans les cieux.
             (J.-B. Rousseau.)

2. Le *Cynthe* est une montagne de l'île de Délos.

3. L'Aquilon est le vent du nord.

4. Voyez XXX, p. 102, note 5.

nemie nous l'enlève : il va être l'ornement et les délices d'un autre bocage, plus heureux que le nôtre.
Non, il n'est plus permis d'espérer d'entendre sa
voix, ni de le voir tirant de l'arc, et perçant de ses
flèches les rapides oiseaux. » Pan[1] lui-même accou-
rut, ayant oublié sa flûte ; les Faunes et les Satyres
suspendirent leurs danses. Les oiseaux mêmes ne
chantaient plus : on n'entendait que les cris affreux
des hiboux et des autres oiseaux de mauvais pré-
sage. Philomèle[2] et ses compagnes gardaient un
morne silence. Alors Flore et Pomone[3] parurent
tout à coup, d'un air riant, au milieu du bocage, se
tenant par la main : l'une était couronnée de fleurs,
et en faisait naître sous ses pas empreints sur le
gazon ; l'autre portait, dans une corne d'abondance[4], tous les fruits que l'automne répand sur la
terre pour payer l'homme de ses peines. « Consolez-
vous, dirent-elles à cette assemblée de dieux con-
sternés : Lycon part, il est vrai ; mais il n'abandonne
pas cette montagne consacrée à Apollon[5]. Bientôt
vous le reverrez ici, cultivant lui-même nos jardins
fortunés : sa main y plantera les verts arbustes, les
plantes qui nourrissent l'homme, et les fleurs qui
font ses délices. O Aquilons, gardez-vous de flétrir
jamais par vos souffles empestés ces jardins où Lycon prendra des plaisirs innocents. Il préférera la
simple nature au faste et aux divertissements dés-
ordonnés ; il aimera ces lieux ; il les abandonne à
regret. » A ces mots, la tristesse se change en joie ;
on chante les louanges de Lycon ; on dit qu'il sera
amateur des jardins, comme Apollon a été berger,
conduisant les troupeaux d'Admète[6] ; mille chansons divines remplissent le bocage ; et le nom de

1. Voyez xxx, p. 100, note 6.
2. Voyez xxx, p. 101, note 1.
3. *Flore* est la déesse des
fleurs, et *Pomone*, la déesse des
fruits et des jardins.
4. Voyez xxx, p. 102, note 3.
5. Voyez xxx, p. 101, note 3.
6. Voyez xxx, p. 101, note 3.

Lycon passe de l'antique forêt jusque dans les campagnes les plus reculées. Les bergers le répètent sur leurs chalumeaux; les oiseaux mêmes, dans leurs doux ramages, font entendre je ne sais quoi qui ressemble au nom de Lycon. La terre se pare de fleurs, et s'enrichit de fruits. Les jardins, qui attendent son retour, lui préparent les grâces du printemps et les magnifiques dons de l'automne. Les seuls regards de Lycon, qu'il jette encore de loin sur cette agréable montagne, la fertilisent. Là, après avoir arraché les plantes sauvages et stériles, il cueillera l'olive et le myrte, en attendant que Mars[1] lui fasse cueillir ailleurs des lauriers.

XXXII

CHASSE DE DIANE.

IL y avait dans le pays des Celtes[2], et assez près du fameux séjour des Druides[3], une sombre forêt dont les chênes, aussi anciens que la terre, avaient vu les eaux du déluge, et conservaient, sous leurs épais rameaux, une profonde nuit au milieu du jour. Dans cette forêt reculée était une belle fontaine plus claire que le cristal, et qui donnait son nom au lieu où elle coulait. Diane[4] allait souvent percer de ses traits des cerfs et des daims dans cette

1. Voyez xv, p. 37, note 2.
2. On désignait par le nom de Celtes les anciens peuples qui occupaient la Gaule, le nord de l'Italie, l'Angleterre, l'Écosse et l'Irlande.
3. Les *Druides*, dont le nom vient, selon les uns, d'un mot celte, et, selon d'autres, d'un substantif grec qui signifie *chêne*, étaient les prêtres et les philosophes des Celtes de la Gaule. Ils tenaient leurs assemblées générales, à une certaine époque de l'année, dans le pays Chartrain.
4. *Diane*, déesse de la chasse, fille de Jupiter et de Latone, et sœur d'Apollon.

forêt pleine de rochers escarpés et sauvages. Après
avoir chassé avec ardeur, elle allait se plonger dans
les pures eaux de la fontaine, et la Naïade[1] se glo-
rifiait de faire les délices de la Déesse et de toutes
les Nymphes. Un jour, Diane chassa en ces lieux un
sanglier plus grand et plus furieux que celui de Ca-
lydon[2]. Son dos était armé d'une soie dure, aussi
hérissée et aussi horrible que les piques d'un ba-
taillon. Ses yeux étincelants étaient pleins de sang
et de feu. Il jetait, d'une gueule béante et enflam-
mée, une écume mêlée d'un sang noir. Sa hure
monstrueuse ressemblait à la proue recourbée d'un
navire. Il était sale et couvert de la boue de sa
bauge, où il s'était vautré. Le souffle brûlant de sa
gueule agitait l'air tout autour de lui, et faisait un
bruit effroyable. Il s'élançait rapidement comme la
foudre; il renversait les moissons dorées, et rava-
geait toutes les campagnes voisines; il coupait les
hautes tiges des arbres les plus durs, pour aiguiser
ses défenses contre leurs troncs. Ses défenses
étaient aiguës et tranchantes comme les glaives
recourbés des Perses. Les laboureurs épouvantés se
réfugiaient dans leurs villages; les bergers, ou-
bliant leurs faibles troupeaux errants dans les pâturages, couraient vers leurs cabanes. Tout était
consterné; les chasseurs mêmes, avec leurs dards
et leurs épieux, n'osaient entrer dans la forêt. Diane
seule, ayant pitié de ce pays, s'avance avec son car-
quois doré et ses flèches. Une troupe de Nymphes
la suit, et elle les surpasse de toute la tête. Elle est,
dans sa course, plus légère que les Zéphyrs, et plus
prompte que les éclairs. Elle atteint le monstre furieux, le perce d'une de ses flèches au-dessous de
l'oreille, à l'endroit où l'épaule commence. Le voilà
qui se roule dans les flots de son sang; il pousse

1. Voyez xxviii, p. 97, note 7.
2. Ville d'Étolie, voisine d'une forêt où Méléagre tua un sanglier monstrueux.

des cris dont toute la forêt retentit, et montre en
vain ses défenses prêtes à déchirer ses ennemis. Les
Nymphes en frémissent. Diane seule s'avance, met
le pied sur sa tête, et enfonce son dard; puis, se
voyant rougie du sang de ce sanglier, qui avait re-
jailli sur elle, elle se baigne dans la fontaine, et se
retire charmée d'avoir délivré les campagnes de ce
monstre.

XXXIII

ARISTÉE ET VIRGILE.

VIRGILE [1], étant descendu aux Enfers, entra dans
ces campagnes fortunées où les héros et les hommes
inspirés des Dieux passent une vie bienheureuse
sur des gazons toujours émaillés de fleurs et entre-
coupés de mille ruisseaux. D'abord le berger Aristée [2], qui était là au nombre des demi-dieux, s'a-
vança vers lui, ayant appris son nom. «Que j'ai de
joie, lui dit-il, de voir un si grand poëte! Vos vers
coulent plus doucement que la rosée sur l'herbe
tendre; ils ont une harmonie si douce qu'ils atten-
drissent le cœur, et qu'ils tirent les larmes des
yeux. Vous en avez fait, pour moi et pour mes abeil-

---

1. *Virgile*, le prince des poëtes
latins, vivait au siècle d'Auguste.
Nous avons de lui des *églogues*,
un poëme sur l'agriculture, intitulé les *Géorgiques*, et un poëme
épique, intitulé l'*Énéide*.

2. Aristée, fils d'Apollon et
de la nymphe Cyrène, est le héros du plus bel épisode des
Géorgiques. Il aima beaucoup
Eurydice, qui, lui ayant préféré
Orphée, fut, un jour qu'il la
poursuivait, piquée d'un serpent,
et mourut aussitôt. Les Nymphes,
pour la venger, tuèrent toutes les
abeilles d'Aristée. Sa mère lui
conseilla de consulter Protée, qui
lui dit d'apaiser les mânes d'Eurydice, en faisant un sacrifice de
quatre taureaux, des entrailles
desquels il sortit des essaims
d'abeilles.

les, dont Homère[1] même pourrait être jaloux. Je
vous dois, autant qu'au Soleil et à Cyrène[2], la
gloire dont je jouis. Il n'y a pas encore longtemps
que je les récitai, ces vers si tendres et si gracieux,
à Linus, à Hésiode[3] et à Homère. Après les avoir
entendus, ils allèrent tous trois boire de l'eau du
fleuve Léthé[4] pour les oublier : tant ils étaient affligés de repasser dans leur mémoire des vers si
dignes d'eux, qu'ils n'avaient pas faits. Vous savez
que la nation des poëtes est jalouse. Venez donc
parmi eux prendre votre place.—Elle sera bien mauvaise, cette place, répondit Virgile, puisqu'ils sont
si jaloux. J'aurai de mauvaises heures à passer dans
leur compagnie ; je vois bien que vos abeilles n'é-
taient pas plus faciles à irriter que ce chœur des
poëtes.— Il est vrai, reprit Aristée ; ils bourdonnent
comme les abeilles ; comme elles, ils ont un aiguil-
lon perçant, pour piquer tout ce qui enflamme leur
colère.—J'aurai encore, dit Virgile, un autre grand
homme à ménager ici : c'est le divin Orphée[5]. Comment vivez-vous ensemble ? — Assez mal, répondit
Aristée. Il est encore jaloux de sa femme, comme
les trois autres de la gloire des vers ; mais, pour
vous, il vous recevra bien, car vous l'avez traité

1. *Homère,* le plus ancien et
le plus célèbre des poëtes grecs.
Les deux poëmes épiques qui
portent son nom sont intitulés,
le premier l'*Iliade*, et le second
l'*Odyssée.*

2. Cyrène, la mère d'Aristée,
était fille du Pénée, le principal
fleuve de la Grèce.

3. *Linus,* chantre inspiré, fils
d'Apollon et d'une des Muses.
— *Hésiode,* un des plus anciens
poëtes de l'antiquité ; quelques
auteurs le font même antérieur
à Homère. Il nous reste de lui
trois poëmes, dont l'un traite de
l'agriculture et a pour titre *les
Travaux et les Jours.*

4. *Léthé,* est un mot grec qui signifie *oubli.* C'est le nom d'un
fleuve des Enfers. Dès que les
ombres avaient bu de son eau,
elles oubliaient entièrement le
passé.

5. Voyez xxx, p. 101, note 5.
Orphée périt massacré par les
femmes de la Thrace, qui le
mirent en pièces, pour se venger du dédain qu'il leur témoi-
gnait. Virgile, dans l'épisode
d'Aristée, raconte l'histoire d'Orphée et d'Eurydice.

honorablement, et vous avez parlé beaucoup plus
sagement qu'Ovide[1] de sa querelle avec les femmes de
Thrace qui le massacrèrent. Mais ne tardons pas davantage ; entrons dans ce petit bois sacré, arrosé
de tant de fontaines plus claires que le cristal :
vous verrez que toute la troupe sacrée se lèvera
pour vous faire honneur. N'entendez-vous pas déjà
la lyre d'Orphée ? Écoutez Linus qui chante le combat des Dieux contre les Géants. Homère se prépare
à chanter Achille, qui venge la mort de Patrocle
par celle d'Hector[2]. Mais Hésiode est celui que vous
avez le plus à craindre ; car, de l'humeur dont il
est, il sera bien fâché que vous ayez osé traiter avec
tant d'élégance toutes les choses rustiques qui ont
été son partage. » A peine Aristée eut achevé ces
mots, qu'ils arrivèrent dans cet ombrage frais, où
règne un éternel enthousiasme qui possède ces
hommes divins. Tous se levèrent ; on fit asseoir Virgile, on le pria de chanter ses vers. Il les chanta
d'abord avec modestie, et puis avec transport. Les
plus jaloux sentirent malgré eux une douceur qui
les ravissait. La lyre d'Orphée, qui avait enchanté
les rochers et les bois, échappa de ses mains, et
des larmes amères coulèrent de ses yeux. Homère
oublia, pour un moment, la magnificence rapide de
l'*Iliade*, et la variété agréable de l'*Odyssée*. Linus
crut que ces beaux vers avaient été faits par son
père Apollon : il était immobile, saisi, et suspendu
par un si doux chant. Hésiode, tout ému, ne pouvait résister à ce charme. Enfin, revenant un peu à
lui, il prononça ces paroles pleines de jalousie et d'in-
dignation : « O Virgile, tu as fait des vers plus dura-

---

1. Poëte célèbre du siècle
d'Auguste. Dans le xe livre de ses
Métamorphoses, raconte la
mort d'Orphée.

2. La mort d'Hector est racon-
tée dans le xxiie chant de l'*Iliade*.
Patrocle était l'ami d'Achille, et
Hector, fils de Priam, le plus
courageux défenseur de Troie.
Voyez xxiv, p. 77, note 1.

bles que l'airain et que le bronze. Mais je te prédis qu'un jour on verra un enfant qui les traduira en sa langue, et qui partagera avec toi la gloire d'avoir chanté les abeilles. »

XXXIV

PRIÈRE INDISCRÈTE DE NÉLÉE, PETIT-FILS DE NESTOR.

ENTRE tous les mortels qui avaient été aimés des Dieux, nul ne leur avait été plus cher que Nestor[1] : ils avaient versé sur lui leurs dons les plus précieux, la sagesse, la profonde connaissance des hommes, une éloquence douce et insinuante. Tous les Grecs l'écoutaient avec admiration; et, dans une extrême vieillesse, il avait un pouvoir absolu sur les cœurs et sur les esprits. Les Dieux, avant la fin de ses jours, voulurent lui accorder encore une faveur, qui fut de voir naître un fils de Pisistrate[2]. Quand il vint au monde, Nestor le prit sur ses genoux; et levant les yeux au ciel : « O Pallas[3] ! dit-il, vous avez comblé la mesure de vos bienfaits; je n'ai plus rien à souhaiter sur la terre, sinon que vous remplissiez de votre esprit l'enfant que vous m'avez fait voir. Vous ajouterez, j'en suis sûr, puissante déesse, cette faveur à toutes celles que j'ai reçues de vous. Je ne demande point de voir le temps où mes vœux seront exaucés; la terre m'a porté trop longtemps : coupez, fille de Jupiter, le fil de mes jours. » Ayant prononcé ces mots, un doux sommeil se répand sur ses yeux; il fut uni avec celui de la mort, et, sans effort, sans

1. *Nestor*, fils de Nélée et de Chloris, roi de Pylos et un des héros de l'*Iliade*, était célèbre entre tous les Grecs par sa sagesse et par son éloquence.
2. Un des sept fils de Nestor.
3. C'est un des noms de Minerve. Voyez XXVI, p. 89, note 3.

douleur, son âme quitta son corps glacé et presque anéanti par trois âges d'homme qu'il avait vécus.

Ce petit-fils de Nestor s'appelait Nélée. Nestor, à qui la mémoire de son père avait toujours été chère, voulut qu'il portàt son nom. Quand Nélée fut sorti de l'enfance, il alla faire un sacrifice à Minerve dans un bois proche de la ville de Pylos [1], qui était consacré à cette déesse. Après que les victimes couronnées de fleurs eurent été égorgées, pendant que ceux qui l'avaient accompagné s'occupaient aux cérémonies qui suivaient l'immolation, que les uns coupaient du bois, que les autres faisaient sortir le feu des veines des cailloux, qu'on écorchait les victimes et qu'on les coupait en plusieurs morceaux, tous étant éloignés de l'autel, Nélée était demeuré auprès. Tout d'un coup il entendit la terre trembler, du creux des arbres sortaient d'affreux mugissements, l'autel paraissait en feu, et sur le haut des flammes parut une femme d'un air si majestueux et si vénérable, que Nélée en fut ébloui. Sa figure était au-dessus de la forme humaine; ses regards étaient plus perçants que les éclairs; sa beauté n'avait rien de mou ni d'efféminé : elle était pleine de grâces, et marquait de la force et de la vigueur. Nélée, ressentant l'impression de la divinité, se prosterne à terre : tous ses membres se trouvent agités par un violent tremblement, son sang se glace dans ses veines, sa langue s'attache à son palais et ne peut plus proférer aucune parole; il demeure interdit, immobile et presque sans vie. Alors Pallas lui rend la force, qui l'avait abandonné. « Ne craignez rien, lui dit cette déesse; je suis descendue du haut de l'Olympe [2] pour vous témoigner le

1. Il y avait dans la Grèce trois villes de ce nom : l'une dans l'Élide, une autre dans la Triphylie, et une troisième dans la Messénie. Ces deux dernières se disputaient l'honneur d'avoir eu Nestor pour roi.

2. Voyez xxvi, p. 89, note 1.

même amour que j'ai fait ressentir à votre aïeul
Nestor : je mets votre bonheur dans vos mains,
j'exaucerai tous vos vœux ; mais pensez attentive-
ment à ce que vous me devez demander. » Alors Nélée,
revenu de son étonnement, et charmé par la douceur des paroles de la Déesse, sentit au-dedans de
lui la même assurance que s'il n'eût été que devant
une personne mortelle. Il était à l'entrée de la jeunesse : dans cet âge où les plaisirs qu'on commence
à ressentir occupent et entraînent l'âme tout entière, on n'a point encore connu l'amertume, suite
inséparable des plaisirs ; on n'a point encore été
instruit par l'expérience. « O Déesse ! s'écria-t-il, si je
puis toujours goûter la douceur de la volupté, tous
mes souhaits seront accomplis. » L'air de la Déesse
était auparavant gai et ouvert ; à ces mots, elle en
prit un froid et sérieux : « Tu ne comptes, lui dit-
elle, que ce qui flatte les sens ; eh bien ! tu vas être
rassasié des plaisirs que ton cœur désire. » La Déesse
aussitôt disparut. Nélée quitte l'autel et reprend le
chemin de Pylos. Il voit sous ses pas naître et éclore
des fleurs d'une odeur si délicieuse, que les hommes
n'avaient jamais ressenti un si précieux parfum. Le
pays s'embellit, et prend une forme qui charme les
yeux de Nélée. La beauté des Grâces, compagnes de
Vénus [1], se répand sur toutes les femmes qui pa-
raissent devant lui. Tout ce qu'il boit devient nectar,
tout ce qu'il mange devient ambroisie [2]. Son âme
se trouve noyée dans un océan de plaisirs. La volupté s'empare du cœur de Nélée : il ne vit plus que
pour elle ; il n'est plus occupé que d'un seul soin,
qui est que les divertissements se succèdent toujours les uns aux autres, et qu'il n'y ait pas un seul
moment où ses sens ne soient agréablement char-

---

1. Voyez IX, p. 24, notes 2 et 3.

2. Le *nectar* était, comme il a
été dit plus haut, le breuvage
des Dieux ; *l'ambroisie* était, selon l'opinion la plus commune,
leur nourriture.

més. Plus il goûte les plaisirs, plus il les souhaite ardemment. Son esprit s'amollit et perd toute sa vigueur ; les affaires lui deviennent un poids d'une pesanteur horrible : tout ce qui est sérieux lui donne un chagrin mortel. Il éloigne de ses yeux les sages conseillers qui avaient été formés par Nestor, et qui étaient regardés comme le plus précieux héritage que ce prince eût laissé à son petit-fils. La raison, les remontrances utiles deviennent l'objet de son aversion la plus vive, et il frémit si quelqu'un ouvre la bouche devant lui pour lui donner un sage conseil. Il fait bâtir un magnifique palais, où on ne voit luire que l'or, l'argent et le marbre, où tout est prodigué pour contenter les yeux et appeler le plaisir. Le fruit de tant de soins pour se satisfaire, c'est l'ennui, l'inquiétude. A peine a-t-il ce qu'il souhaite, qu'il s'en dégoûte : il faut qu'il change souvent de demeure, qu'il coure sans cesse de palais en palais, qu'il abatte et qu'il réédifie. Le beau, l'agréable, ne le touchent plus ; il lui faut du singulier, du bizarre, de l'extraordinaire : tout ce qui est naturel et simple lui paraît insipide, et il tombe dans un tel engourdissement, qu'il ne vit plus, qu'il ne sent plus que par secousse, par soubresaut. Pylos, sa capitale, change de face. On y aimait le travail, on y honorait les Dieux ; la bonne foi régnait dans le commerce ; tout y était dans l'ordre ; et le peuple même trouvait dans les occupations utiles qui se succédaient sans l'accabler, l'aisance et la paix. Un luxe effréné prend la place de la décence et des vraies richesses : tout y est prodigué aux vains agréments, aux commodités recherchées. Les maisons, les jardins, les édifices publics changent de forme : tout y devient singulier ; le grand, le majestueux, qui sont toujours simples, ont disparu. Mais ce qui est encore plus fâcheux, les habitants, à l'exemple de Nélée, n'aiment, n'estiment, ne recherchent que la volupté : on la poursuit aux dépens de l'innocence et de la vertu ; on s'agite, on se tourmente pour saisir une ombre vaine et fugitive de bonheur, et l'on en perd le repos et la tranquillité ; personne n'est content, parce qu'on veut l'être trop, parce qu'on ne sait rien souffrir ni rien attendre. L'agriculture et les autres arts utiles sont devenus presque avilissants : ce sont ceux que la mollesse a inventés qui sont en honneur, qui mènent à la richesse, et auxquels on prodigue les encouragements. Les trésors que Nestor et Pisistrate avaient amassés sont bientôt dissipés ; les revenus de l'État deviennent la proie de l'étourderie et de la cupidité. Le peuple murmure, les grands se plaignent, les sages seuls gardent quelque temps le silence ; ils parlent enfin, et leur voix respectueuse se fait entendre à Nélée. Ses yeux s'ouvrent, son cœur s'attendrit. Il a encore recours à Minerve : il se plaint à la Déesse de sa facilité à exaucer ses vœux téméraires ; il la conjure de retirer ses dons perfides : il lui demande la sagesse et la justice. « Que j'étais aveugle ! s'écria-t-il ; mais je connais mon erreur, je déteste la faute que j'ai faite, je veux la réparer, et chercher dans l'application à mes devoirs, dans le soin de soulager mon peuple, et dans l'innocence et la pureté des mœurs, le repos et le bonheur que j'ai vainement cherchés dans les plaisirs des sens. »

XXXV

LE BERGER CLÉOBULE ET LA NYMPHE PHIDILE.

Un Berger rêveur menait son troupeau sur les rives

fleuries du fleuve Achéloüs [1]. Les Faunes et les Satyres [2], cachés dans les bocages voisins, dansaient sur l'herbe au doux son de sa flûte. Les Naïades [3], cachées dans les ondes du fleuve, levèrent leurs têtes au-dessus des roseaux pour écouter ses chansons. Achéloüs lui-même, appuyé sur son urne penchée, montra son front, où il ne restait plus qu'une corne depuis son combat avec le grand Hercule [4]; et cette mélodie suspendit pour un peu de temps les peines de ce dieu vaincu. Le Berger était peu touché de voir ces Naïades qui l'admiraient : il ne pensait qu'à la Bergère Phidile, simple, naïve, sans aucune parure, à qui la fortune ne donna jamais d'éclat emprunté, et que les Grâces [5] seules avaient ornée et embellie de leurs propres mains. Elle sortait de son village, ne songeant qu'à faire paître ses moutons. Elle seule ignorait sa beauté. Toutes les autres bergères en étaient jalouses. Le Berger l'aimait, et n'osait le lui dire. Ce qu'il aimait le plus en elle, c'était cette vertu simple et sévère qui écartait les amants, et qui fait le vrai charme de la beauté. Mais la passion ingénieuse fait trouver l'art de représenter ce qu'on n'oserait dire ouvertement : il finit donc toutes ses chansons les plus agréables, pour en commencer une qui pût toucher le cœur de cette Bergère. Il savait qu'elle aimait la vertu des héros qui ont acquis de la gloire dans les combats : il chanta, sous un nom supposé, ses propres aventures; car, en ce temps, les héros mêmes étaient bergers, et ne méprisaient point la houlette. Il chanta donc ainsi :

« Quand Polynice alla assiéger la ville de Thèbes,

1. Il y avait en Grèce plusieurs fleuves de ce nom. Le plus célèbre était celui qui prenait sa source sur le Pinde, arrosait l'Étolie et se jetait dans la mer Ionienne.

2. Voyez XXVIII, p. 17, note 6.
3. Voyez XXVIII, p. 97, note 7.
4. Voyez XV, p. 37, note 3.
5. Voyez IX, p. 24, note 2.

pour renverser du trône son frère Étéocle [1], tous
les rois de la Grèce parurent sous les armes, et
poussaient leurs chariots contre les assiégés.
Adraste [2], beau-père de Polynice, abattait les troupes de soldats et les capitaines, comme un moisson-
neur, de sa faux tranchante, coupe les moissons.
D'un autre côté, le devin Amphiaraüs [3], qui avait
prévu son malheur, s'avançait dans la mêlée, et
fut tout à coup englouti par la terre, qui ouvrit ses
abîmes pour le précipiter dans les sombres rives du
Styx [4]. En tombant, il déplorait son infortune,
d'avoir eu une femme infidèle. Assez près de là,
on voyait les deux frères, fils d'Œdipe, qui s'atta-
quaient avec fureur : comme un léopard et un
tigre qui s'entre-déchirent dans les rochers du
Caucase [5], ils se roulaient tous deux dans le sable,
chacun paraissant altéré du sang de son frère.
Pendant cet horrible spectacle, Cléobule, qui avait
suivi Polynice, combattit contre un vaillant Thébain, que le dieu Mars rendait presque invinci-
ble. La flèche du Thébain, conduite par le Dieu,
aurait percé le cou de Cléobule, qui se détourna
promptement. Aussitôt Cléobule lui enfonça son
dard jusqu'au fond des entrailles. Le sang du Thé-

1. Étéocle et Polynice étaient
fils d'Œdipe et de Jocaste.
Après la mort de leur père, il
fut convenu entre eux qu'ils
régneraient tour à tour. Étéocle
n'ayant pas voulu descendre du
trône, pour y laisser monter Polynice, celui-ci alla chercher des
auxiliaires, et marcha contre
Thèbes. Cette guerre est nommée
la *Guerre des sept chefs*. Les
deux frères se tuèrent l'un l'autre
dans un combat singulier.

2. Adraste, roi d'Argos, donna
sa fille Argia en mariage à Polynice, et marcha avec lui contre
Thèbes.

3. Fils d'Apollon et d'Hyper-
mnestre. Ériphyle, sa femme, ga-
gnée par un collier d'or, enseigna à Polynice le lieu où il s'é-
tait caché, pour ne point aller à
la guerre de Thèbes, où il devait
périr.

4. Fleuve des Enfers. Il en faisait neuf fois le tour.

5. Nom collectif des montagnes
qui séparent l'Europe de l'Asie
et s'étendent entre la mer Noire
et la mer Caspienne.

bain ruisselle, ses yeux s'éteignent, sa bonne mine et sa fierté le quittent, la mort efface ses beaux traits. Sa jeune épouse, du haut d'une tour, le vit mourant, et eut le cœur percé d'une douleur inconsolable. Dans son malheur je le trouve heureux d'avoir été aimé et plaint : je mourrais comme lui avec plaisir, pourvu que je pusse être aimé de même. A quoi servent la valeur et la gloire des plus fameux combats ? à quoi servent la jeunesse et la beauté, quand on ne peut ni plaire, ni toucher ce qu'on aime ? »

La Bergère, qui avait prêté l'oreille à une si tendre chanson, comprit que ce berger était Cléobule, vainqueur du Thébain. Elle devint sensible à la gloire qu'il avait acquise, aux grâces qui brillaient en lui, et aux maux qu'il souffrait pour elle. Elle lui donna sa main et sa foi. Un heureux hymen les joignit : bientôt leur bonheur fut envié des bergers d'alentour, et des divinités champêtres. Ils égalèrent par leur union, par leur vie innocente, par leurs plaisirs rustiques, jusque dans une extrême vieillesse, la douce destinée de Philémon et de Baucis [1].

1. Baucis était une vieille femme pauvre qui vivait dans une petite cabane, avec son mari Philémon, presque aussi vieux qu'elle. Jupiter et Mercure, ayant voulu visiter la Phrygie, furent repoussés par tous les habitants du bourg auprès duquel demeuraient Philémon et Baucis, qui seuls consentirent à les recevoir. Pour les récompenser, Jupiter les sauva, eux et leur demeure, d'une inondation qui submergea tous les environs; il changea leur cabane en un temple, dont ils devinrent les ministres. Parvenus à une extrême vieillesse, ils furent tous deux, dans le même moment, métamorphosés en arbres :

Baucis devient tilleul, Philémon devient chêne.

Ovide a raconté leur histoire dans le VIIIe livre de ses *Métamorphoses*.

XXXVI

LES AVENTURES DE MÉLÉSICHTHON.

Mélésichthon, né à Mégare [1], d'une race illustre parmi les Grecs, ne songea dans sa jeunesse qu'à imiter dans la guerre les exemples de ses ancêtres : il signala sa valeur et ses talents dans plusieurs expéditions; et, comme toutes ses inclinations étaient magnifiques, il y fit une dépense éclatante qui le ruina bientôt. Il fut contraint de se retirer dans une maison de campagne, sur le bord de la mer, où il vivait dans une profonde solitude avec sa femme Proxinoé. Elle avait de l'esprit, du courage, de la fierté. Sa beauté et sa naissance l'avaient fait rechercher par des partis beaucoup plus riches que Mélésichthon; mais elle l'avait préféré à tous les autres, pour son seul mérite. Ces deux personnes, qui, par leur vertu et leur amitié, s'étaient rendues naturellement heureuses pendant plusieurs années, commencèrent alors à se rendre mutuellement malheureuses, par la compassion qu'elles avaient l'une pour l'autre. Mélésichthon aurait supporté plus facilement ses malheurs, s'il eût pu les souffrir tout seul, et sans une personne qui lui était si chère. Proxinoé sentait qu'elle augmentait les peines de Mélésichthon. Ils cherchaient à se consoler par deux enfants, qui semblaient avoir été formés par les Grâces [2] : le fils se nommait Mélibée, et la fille Poéménis. Mélibée, dans un âge tendre, commençait déjà à montrer de la force, de l'adresse et du courage : il surmontait, à la lutte, à la course,

---

1. Capitale de la Mégaride, située au nord-ouest de l'île de Sala- | mine, entre Athènes et Corinthe. 2. Voyez ix, p. 24, note 2.

et aux autres exercices, les enfants de son voisinage.
Il s'enfonçait dans les forêts, et ses flèches ne portaient pas des coups moins assurés que celles d'A-
pollon[1]; il suivait encore plus ce dieu dans les sciences et dans les beaux-arts que dans les exercices du
corps. Mélésichthon, dans sa solitude, lui enseignait
tout ce qui peut cultiver et orner l'esprit, tout ce qui
peut faire aimer la vertu, et régler les mœurs. Mélibée avait un air simple, doux et ingénu, mais noble, ferme et hardi. Son père jetait les yeux sur
lui, et ses yeux se noyaient de larmes. Poéménis
était instruite par sa mère dans tous les beaux-arts
que Minerve[2] a donnés aux hommes : elle ajoutait
aux ouvrages les plus exquis les charmes d'une voix
qu'elle joignait avec une lyre plus touchante que
celle d'Orphée[3]. A la voir, on eût cru que c'était la
jeune Diane[4], sortie de l'île flottante où elle naquit.
Ses cheveux blonds étaient noués négligemment
derrière sa tête ; quelques-uns échappés flottaient
sur son cou au gré des vents. Elle n'avait qu'une
robe légère, avec une ceinture qui la relevait un
peu, pour être plus en état d'agir. Sans parure, elle
effaçait tout ce qu'on peut voir de plus beau, et elle
ne le savait pas : elle n'avait même jamais songé à
se regarder sur le bord des fontaines ; elle ne
voyait que sa famille, et ne songeait qu'à travailler. Mais le père, accablé d'ennuis, et ne
voyant plus aucune ressource dans ses affaires, ne
cherchait que la solitude. Sa femme et ses enfants
faisaient son supplice. Il allait souvent sur le rivage

1. Voyez xxx, p. 101, note 3.
Apollon est aussi le dieu du châ-
timent, le dieu destructeur. Il
porte un arc d'argent et des
flèches inévitables, que lui a
données Vulcain.

2. Voyez xxvi, p. 89, note 3.

3. Voyez xxx, p. 101, note 5.

4. Voyez xxxii, p. 105, note 4.
Diane était née, ainsi que son
frère Apollon, dans l'île de Délos, l'une des Cyclades, groupe
d'îles de la mer Égée. Délos
errait au gré des flots, avant
que Latone y eût mis au monde
ses deux enfants divins.

de la mer, au pied d'un grand rocher plein d'antres sauvages : là, il déplorait ses malheurs ; puis il entrait dans une profonde vallée, qu'un bois épais dérobait aux rayons du soleil au milieu du jour. Il s'asseyait sur le gazon qui bordait une claire fontaine, et toutes les plus tristes pensées revenaient en foule dans son cœur. Le doux sommeil était loin de ses yeux ; il ne parlait plus qu'en gémissant; la vieillesse venait avant le temps flétrir et rider son visage ; il oubliait même tous les besoins de la vie, et succombait à sa douleur.

Un jour, comme il était dans cette vallée si profonde, il s'endormit de lassitude et d'épuisement : alors il vit en songe la déesse Cérès [1], couronnée d'épis dorés, qui se présenta à lui avec un visage doux et majestueux. « Pourquoi, lui dit-elle en l'appelant par son nom, vous laissez-vous abattre aux rigueurs de la fortune ? — Hélas ! répondit-il, mes amis m'ont abandonné; je n'ai plus de bien : il ne me reste que des procès et des créanciers; ma naissance fait le comble de mon malheur, et je ne puis me résoudre à travailler comme un esclave pour gagner ma vie. »

Alors Cérès lui répondit : « La noblesse consiste-t-elle dans les biens? Ne consiste-t-elle pas plutôt à imiter la vertu de ses ancêtres ? Il n'y a de nobles que ceux qui sont justes. Vivez de peu; gagnez ce peu par votre travail; ne soyez à charge à personne : vous serez le plus noble de tous les hommes. Le genre humain se rend lui-même misérable par sa mollesse et par sa fausse gloire. Si les choses nécessaires vous manquent, pourquoi voulez-vous les devoir à d'autres qu'à vous-même ? Manquez-vous de courage pour vous les donner par une vie laborieuse ? »

1. Cérès, déesse des moissons, fille de Saturne et de Cybèle, enseigna l'agriculture aux hommes.

Elle dit, et aussitôt elle lui présenta une charrue d'or avec une corne d'abondance [1]. Alors Bacchus [2] parut couronné de lierre, et tenant un thyrse [3] dans sa main : il était suivi de Pan [4], qui jouait de la flûte, et qui faisait danser les Faunes et les Satyres [5]. Pomone se montra chargée de fruits, et Flore [6] ornée des fleurs les plus vives et les plus odoriférantes. Toutes les divinités champêtres jetèrent un regard favorable sur Mélésichthon.

Il s'éveilla, comprenant la force et le sens de ce songe divin ; il se sentit consolé et plein de goût pour tous les travaux de la vie champêtre. Il parle de ce songe à Proxinoé, qui entra dans tous ses sentiments. Le lendemain, ils congédièrent leurs domestiques inutiles : on ne vit plus chez eux de gens dont le seul emploi fût le service de leurs personnes. Ils n'eurent plus ni char ni conducteur. Proxinoé avec Poéménis filaient en menant paître leurs moutons ; ensuite elles faisaient leurs toiles et leurs étoffes ; puis elles taillaient et cousaient elles-mêmes leurs habits et ceux du reste de la famille. Au lieu des ouvrages de soie, d'or et d'argent, qu'elles avaient accoutumé de faire avec l'art exquis de Minerve, elles n'exerçaient plus leurs doigts qu'au fuseau ou à d'autres travaux semblables. Elles préparaient, de leurs propres mains, les légumes qu'elles cueillaient dans leur jardin pour nourrir toute la maison. Le lait de leur troupeau, qu'elles allaient traire, achevait de mettre l'abondance. On n'achetait rien ; tout était préparé promptement et sans peine. Tout était bon, simple, naturel, assaisonné par l'appétit, inséparable de la sobriété et du travail.

1. Voyez xxx, p. 102, note 3.   4. Voyez xxx, p. 100, note 6.
2. Voyez xxvii, p. 94, note 3.   5. Voyez xxviii, p. 97, note 6.
3. Voyez xxvii, p. 94, note 4.   6. Voyez xxxi, p. 104, note 3.

Dans une vie si champêtre, tout était, chez eux, net et propre. Toutes les tapisseries étaient vendues ; mais les murailles de la maison étaient blanches, et on ne voyait nulle part rien de sale ni de dérangé ; les meubles n'étaient jamais couverts de poussière ; les lits étaient d'étoffes grossières, mais propres. La cuisine même avait une propreté qui n'est point dans les grandes maisons : tout y était bien rangé et luisant. Pour régaler la famille dans les jours de fête, Proxinoé faisait des gâteaux excellents. Elle avait des abeilles dont le miel était plus doux que celui qui coulait du tronc des chênes creux pendant l'âge d'or. Les vaches venaient d'elles-mêmes offrir des ruisseaux de lait. Cette femme laborieuse avait dans son jardin toutes les plantes qui peuvent aider à nourrir l'homme en chaque saison, et elle était toujours la première à avoir les fruits et les légumes de chaque temps ; elle avait même beaucoup de fleurs, dont elle vendait une partie, après avoir employé l'autre à orner sa maison. La fille secondait sa mère, et ne goûtait d'autre plaisir que celui de chanter en travaillant, ou en conduisant ses moutons dans les pâturages. Nul autre troupeau n'égalait le sien : la contagion et les loups mêmes n'osaient en approcher. A mesure qu'elle chantait, ses tendres agneaux dansaient sur l'herbe, et tous les échos d'alentour semblaient prendre plaisir à répéter ses chansons.

Mélésichthon labourait lui-même son champ ; lui-même il conduisait sa charrue, semait et moissonnait : il trouvait les travaux de l'agriculture moins durs, plus innocents et plus utiles que ceux de la guerre. A peine avait-il fauché l'herbe tendre de ses prairies, qu'il se hâtait d'enlever les dons de Cérès, qui le payait au centuple du grain semé. Bientôt Bacchus faisait couler pour lui un nectar [1] digne de la table des Dieux. Minerve lui donnait

1. Voyez vi, p. 2).

aussi le fruit de son arbre[1], qui est si utile à
l'homme. L'hiver était la saison du repos, où toute
la famille assemblée goûtait une joie innocente, et
remerciait les Dieux d'être si désabusée des faux
plaisirs. Ils ne mangeaient de viande que dans les
sacrifices, et leurs troupeaux n'étaient destinés
qu'aux autels.

Mélibée ne montrait presque aucune des passions
de la jeunesse ; il conduisait les grands troupeaux ;
il coupait de grands chênes dans les forêts ; il creusait de petits canaux pour arroser les prairies ; il
était infatigable pour soulager son père. Ses plaisirs, quand le travail n'était pas de saison, étaient
la chasse, les courses avec les jeunes gens de son âge,
et la lecture, dont son père lui avait donné le goût.

Bientôt Mélésichthon, en s'accoutumant à une
vie si simple, se vit plus riche qu'il ne l'avait été
auparavant. Il n'avait chez lui que les choses nécessaires à la vie ; mais il les avait toutes en abondance. Il n'avait presque de société que dans sa famille. Ils s'aimaient tous ; ils se rendaient mutuellement heureux ; ils vivaient loin des palais des rois,
et des plaisirs qu'on achète si cher ; les leurs
étaient doux, innocents, simples, faciles à trouver,
et sans aucune suite dangereuse. Mélibée et Poéménis furent ainsi élevés dans le goût des travaux
champêtres. Ils ne se souvinrent de leur naissance,
que pour avoir plus de courage en supportant la
pauvreté. L'abondance revenue dans toute cette
maison n'y ramena point le faste : la famille entière fut toujours simple et laborieuse. Tout le

---

1. Minerve et Neptune se dis-
putèrent l'honneur de donner
un nom à la ville que Cécrops
avait bâtie. Il fut décidé que
cet honneur appartiendrait à
celle de ces deux divinités qui
produirait la chose la plus utile.
Neptune fit naître un cheval,
et Minerve fit sortir de terre
un olivier tout fleuri. Les Dieux
prononcèrent en faveur de Minerve, et la ville prit le nom
d'Athènes (du nom grec de Minerve, Ἀθήνη).

monde disait à Mélésichthon : « Les richesses ren-
trent chez vous; il est temps de reprendre votre ancien éclat. » Alors il répondait ces paroles : « A qui
voulez-vous que je m'attache, ou au faste qui m'a-
vait perdu, ou à une vie simple et laborieuse qui
m'a rendu riche et heureux ? » Enfin se trouvant
un jour dans ce bois sombre où Cérès l'avait instruit
par un songe si utile, il s'y reposa sur l'herbe avec
autant de joie qu'il y avait eu d'amertume dans le
temps passé. Il s'endormit ; et la Déesse, se montrant à lui comme dans son premier songe, lui dit
ces paroles : « La vraie noblesse consiste à ne recevoir rien de personne, et à faire du bien aux autres. Ne recevez donc rien que du sein fécond de la
terre et de votre propre travail. Gardez-vous bien
de quitter jamais, par mollesse ou par fausse gloire,
ce qui est la source naturelle et inépuisable de
tous les biens. »

XXXVII

LES AVENTURES D'ARISTONOÜS [1].

Sophronyme, ayant perdu les biens de ses ancêtres
par des naufrages et par d'autres malheurs, s'en
consolait par sa vertu dans l'île de Délos [2]. Là, il
chantait, sur une lyre d'or, les merveilles du dieu
qu'on y adore [3]; il cultivait les Muses [4], dont il était

1. « Cette fable ingénieuse,
pleine de poésie et de sentiment,
et qui offre le tableau le plus
touchant de la reconnaissance, »
comme dit le cardinal de Bausset
dans son *Histoire de Fénelon*
(tome III, p. 451), a été souvent
imprimée à la suite du *Télémaque*. On l'a quelquefois intitulée
Sophronyme.
2. Voyez xxxvi, p. 119, note 4.
3. D'Apollon, qui était né dans
l'île de Délos et y avait un temple.
4. Voyez xxviii, p. 97, note 3.

aimé ; il recherchait curieusement tous les secrets
de la nature, le cours des astres et des cieux, l'ordre des éléments, la structure de l'univers, qu'il
mesurait de son compas, la vertu des plantes, la
conformation des animaux ; mais surtout il s'étu-
diait lui-même, et s'appliquait à orner son âme par
la vertu. Ainsi la fortune, en voulant l'abattre, l'a-
vait élevé à la véritable gloire, qui est celle de la
sagesse.

Pendant qu'il vivait heureux sans biens, dans
cette retraite, il aperçut un jour, sur le rivage de la
mer, un vieillard vénérable qui lui était inconnu :
c'était un étranger qui venait d'aborder dans l'île.
Ce vieillard admirait les bords de la mer, dans laquelle il savait que cette île avait été autrefois flottante ; il considérait cette côte, où s'élevaient, au-
dessus des sables et des rochers, de petites collines
toujours couvertes d'un gazon naissant et fleuri ;
il ne pouvait assez regarder les fontaines pures et
les ruisseaux rapides qui arrosaient cette délicieuse
campagne ; il s'avançait vers les bocages sacrés qui
environnent le temple du Dieu ; il était étonné de
voir cette verdure que les Aquilons[1] n'osent jamais
ternir, et il considérait déjà le temple, d'un marbre
de Paros[2] plus blanc que la neige, environné de
hautes colonnes de jaspe. Sophronyme n'était pas
moins attentif à considérer ce vieillard : sa barbe
blanche tombait sur sa poitrine ; son visage ridé
n'avait rien de difforme : il était encore exempt des
injures d'une vieillesse caduque, ses yeux montraient une douce vivacité, sa taille était haute et
majestueuse, mais un peu courbée, et un bâton d'i-
voire le soutenait. « O étranger, lui dit Sophronyme,
que cherchez-vous dans cette île, qui paraît vous

1. Voyez xxxi, p. 103, note 3.
2. Une des Cyclades, dans la
mer Égée, au sud de Délos. Cette
île était célèbre par le marbre
qu'on tirait du mont Marpessa
ou Marpesus.

être inconnue? Si c'est le temple du Dieu, vous le voyez de loin, et je m'offre de vous y conduire; car je crains les Dieux, et j'ai appris ce que Jupiter [1] veut qu'on fasse pour secourir les étrangers. »

« J'accepte, répondit le vieillard, l'offre que vous me faites avec tant de marques de bonté; je prie les Dieux de récompenser votre amour pour les étrangers. Allons vers le temple.» Dans le chemin, il raconta à Sophronyme le sujet de son voyage : « Je m'appelle, dit-il, Aristonoüs, natif de Clazomène, ville d'Ionie [2], située sur cette côte agréable qui s'avance dans la mer, et semble s'aller joindre à l'île de Chio [3], fortunée patrie d'Homère. Je naquis de parents pauvres, quoique nobles. Mon père, nommé Polystrate, qui était déjà chargé d'une nombreuse famille, ne voulut point m'élever : il me fit exposer par un de ses amis de Téos [4]. Une vieille femme d'Érythre [5], qui avait du bien auprès du lieu où l'on m'exposa, me nourrit de lait de chèvre dans sa maison ; mais, comme elle avait à peine de quoi vivre, dès que je fus en âge de servir, elle me vendit à un marchand d'esclaves qui me mena dans la Lycie [6]. Il me vendit, à Patare [7], à un homme riche et vertueux, nommé Alcine : cet Alcine eut soin de moi dans ma jeunesse. Je lui parus docile, modéré, sincère, affectionné, et appliqué à toutes les choses honnêtes dont on voulut m'instruire ; il me

---

1. Voyez xxvi, p. 89, note 2. Jupiter était le dieu de l'hospitalité, et on l'invoquait sous le nom de *Jupiter Hospitalier*.

2. Sur la côte de l'Asie Mineure.

3. Ile de la mer Égée, près de la côte de l'Asie Mineure, au sud de l'île de Lesbos.

4. Ville située sur la côte de l'Asie Mineure ; c'est la patrie d'Anacréon. Chez la plupart des peuples de l'antiquité, la loi autorisait les pères à abandonner leurs enfants et à les faire exposer au moment de leur naissance.

5. Ville d'Ionie, au nord-ouest de Clazomène.

6. Province méridionale de l'Asie Mineure.

7. Ville de Lycie, célèbre par un oracle d'Apollon. Elle prit dans la suite le nom d'*Arsinoé*.

dévoua aux arts qu'Apollon[1] favorise : il me fit apprendre la musique, les exercices du corps, et surtout l'art de guérir les plaies des hommes. J'acquis bientôt une assez grande réputation dans cet art, qui est si nécessaire ; et Apollon, qui m'inspira, me découvrit des secrets merveilleux. Alcine, qui m'aimait de plus en plus, et qui était ravi de voir le succès de ses soins pour moi, m'affranchit, et m'envoya à Damoclès, roi de Lycaonie[2], qui, vivant dans les délices, aimait la vie et craignait de la perdre. Ce roi, pour me retenir, me donna de grandes richesses. Quelques années après, Damoclès mourut. Son fils, irrité contre moi par des flatteurs, servit à me dégoûter de toutes les choses qui ont de l'éclat. Je sentis enfin un violent désir de revoir la Lycie, où j'avais passé si doucement mon enfance[3]. J'espérais y retrouver Alcine, qui m'avait nourri et qui était le premier auteur de toute ma fortune. En arrivant dans ce pays, j'appris qu'Alcine était mort, après avoir perdu ses biens et souffert avec beaucoup de constance les malheurs de sa vieillesse. J'allai répandre des fleurs et des larmes sur ses cendres ; je mis une inscription honorable sur son tombeau, et je demandai ce qu'étaient devenus ses enfants. On me dit que le seul qui était resté, nommé Orciloque, ne pouvant se résoudre à paraître sans biens dans sa patrie, où son père avait eu tant d'éclat, s'était embarqué dans un vaisseau étranger, pour aller mener une vie obscure dans quelque île écartée de la mer. On m'ajouta que cet Orciloque avait fait naufrage, peu de temps après, vers l'île de Carpathe[4], et qu'ainsi il ne restait plus rien de la famille de mon bienfaiteur Alcine. Aussi-

---

1. Voyez xxx, p. 101, note 3.
2. Province de l'Asie Mineure-
3. Voyez ci-après, p. 139.

4. Ile de la mer Méditerranée, située au sud-ouest de Rhodes et au nord-est de la Crète.

tôt je songeai à acheter la maison où il avait demeuré, avec les champs fertiles qu'il possédait autour. J'étais bien aise de revoir ces lieux, qui me
rappelaient le doux souvenir d'un âge si agréable
et d'un si bon maître : il me semblait que j'étais
encore dans cette fleur de mes premières années où
j'avais servi Alcine. A peine eus-je acheté de ses
créanciers les biens de sa succession, que je fus
obligé d'aller à Clazomène : mon père Polystrate et
ma mère Phidile étaient morts. J'avais plusieurs
frères qui vivaient mal ensemble; aussitôt que je
fus arrivé à Clazomène, je me présentai à eux avec
un habit simple, comme un homme dépourvu de
biens, en leur montrant les marques avec lesquelles
vous savez qu'on a soin d'exposer les enfants. Ils
furent étonnés de voir ainsi augmenter le nombre
des héritiers de Polystrate, qui devaient partager
sa petite succession; ils voulurent même me contester ma naissance, et ils refusèrent devant les
juges de me reconnaître. Alors, pour punir leur
inhumanité, je déclarai que je consentais à être
comme un étranger pour eux ; et je demandai qu'ils
fussent aussi exclus pour jamais d'être mes héritiers. Les juges l'ordonnèrent ; et alors je montrai
les richesses que j'avais apportées dans mon vaisseau; je leur découvris que j'étais cet Aristonoüs
qui avait acquis tant de trésors auprès de Damoclès, roi de Lycaonie, et que je ne m'étais jamais
marié.

Mes frères se repentirent de m'avoir traité si injustement; et, dans le désir de pouvoir être un jour
mes héritiers, ils firent les derniers efforts, mais
inutilement, pour s'insinuer dans mon amitié. Leur
division fut cause que les biens de notre père furent vendus : je les achetai ; et ils eurent la douleur
de voir tout le bien de notre père passer dans les
mains de celui à qui ils n'avaient pas voulu en

donner la moindre partie : ainsi ils tombèrent tous dans une affreuse pauvreté. Mais, après qu'ils eurent assez senti leur faute, je voulus leur montrer mon bon naturel : je leur pardonnai, je les reçus dans ma maison, je leur donnai à chacun de quoi gagner du bien dans le commerce de la mer; je les réunis tous : eux et leurs enfants demeurèrent ensemble paisiblement chez moi; je devins le père commun de toutes ces différentes familles. Par leur union et par leur application au travail, ils amassèrent bientôt des richesses considérables. Cependant la vieillesse, comme vous le voyez, est venue frapper à ma porte : elle a blanchi mes cheveux et ridé mon visage; elle m'avertit que je ne jouirai pas longtemps d'une si parfaite prospérité. Avant que de mourir, j'ai voulu voir encore, une dernière fois, cette terre qui m'est si chère et qui me touche plus que ma patrie même, cette Lycie où j'ai appris à être bon et sage sous la conduite du vertueux Alcine. En y repassant par mer, j'ai trouvé un marchand d'une des îles Cyclades[1], qui m'a assuré qu'il restait encore à Délos un fils d'Orciloque, qui imitait la sagesse et la vertu de son grand-père Alcine. Aussitôt j'ai quitté la route de Lycie, et je me suis hâté de venir chercher, sous les auspices d'Apollon, dans son île, ce précieux reste d'une famille à qui je dois tout. Il me reste peu de temps à vivre : la Parque[2], ennemie de ce doux repos que les Dieux accordent si rarement aux mortels, se hâtera de trancher mes jours; mais je serai content de mourir, pourvu que mes yeux, avant que de se fermer à la lumière, aient vu le petit-fils de mon maître.

1. On appelait ainsi une vingtaine d'îles disposées en cercle autour de Délos, dans la mer Égée.
2. On donnait le nom de *Par-* ques à trois déesses des Enfers, appelées Clotho, Lachésis et Atropos, qui filaient, dévidaient et coupaient le fil de la vie des hommes.

Parlez maintenant, ô vous qui habitez avec lui dans cette île : le connaissez-vous? pouvez-vous me dire où je le trouverai? Si vous me le faites voir, puissent les Dieux, en récompense, vous faire voir sur vos genoux les enfants de vos enfants jusqu'à la cinquième génération ! puissent les Dieux conserver toute votre maison dans la paix et dans l'abondance, pour fruit de votre vertu ! »

Pendant qu'Aristonoüs parlait ainsi, Sophronyme versait des larmes mêlées de joie et de douleur. Enfin il se jette, sans pouvoir parler, au cou du vieillard, il l'embrasse, il le serre, et il pousse avec peine ces paroles entrecoupées de soupirs : « Je suis, ô mon père, celui que vous cherchez. Vous voyez Sophronyme, petit-fils de votre ami Alcine : c'est moi, et je ne puis douter, en vous écoutant, que les Dieux ne vous aient envoyé ici pour adoucir mes maux. La reconnaissance, qui semblait perdue sur la terre, se retrouve en vous seul. J'avais ouï dire, dans mon enfance, qu'un homme célèbre et riche, établi en Lycaonie, avait été nourri chez mon grand-père ; mais, comme Orciloque mon père, qui est mort jeune, me laissa au berceau, je n'ai su ces choses que confusément. Je n'ai osé aller en Lycaonie dans l'incertitude, et j'ai mieux aimé demeurer dans cette île, me consolant, dans mes malheurs, par le mépris des vaines richesses, et par le doux emploi de cultiver les Muses dans la maison sacrée d'Apollon. La sagesse, qui accoutume les hommes à se passer [1] de peu et à être tranquilles, m'a tenu lieu jusqu'ici de tous les autres biens. »

En achevant ces paroles, Sophronyme, se voyant arrivé au temple, proposa à Aristonoüs d'y faire sa prière et ses offrandes. Ils firent au dieu un sacri-

---

1. *Se passer*, au sens vieilli de *se contenter*.

fice de deux brebis plus blanches que la neige, et
d'un taureau qui avait un croissant sur le front entre les deux cornes ; ensuite ils chantèrent des vers
en l'honneur du dieu qui éclaire l'univers, qui rè-

SOPHRONYME SE JETTE AU COU DU VIEILLARD.

gle les saisons, qui préside aux sciences, et qui
anime le chœur des neuf Muses. Au sortir du temple, Sophronyme et Aristonoüs passèrent le reste
du jour à se raconter leurs aventures. Sophronyme

reçut chez lui le vieillard, avec la tendresse et le respect qu'il aurait témoignés à Alcine même, s'il eût été encore vivant. Le lendemain, ils partirent ensemble, et firent voile vers la Lycie. Aristonoüs mena Sophronyme dans une fertile campagne, sur le bord du fleuve Xanthe[1], dans les ondes duquel Apollon, au retour de la chasse, couvert de poussière, a tant de fois plongé son corps et lavé ses beaux cheveux blonds. Ils trouvèrent, le long de ce fleuve, des peupliers et des saules, dont la verdure tendre et naissante cachait les nids d'un nombre infini d'oiseaux, qui chantaient nuit et jour. Le fleuve, tombant d'un rocher avec beaucoup de bruit et d'écume, brisait ses flots dans un canal plein de petits cailloux ; toute la plaine était couverte de moissons dorées ; les collines, qui s'élevaient en amphithéâtre, étaient chargées de ceps de vignes et d'arbres fruitiers. Là, toute la nature était riante et gracieuse ; le ciel était doux et serein, et la terre toujours prête à tirer de son sein de nouvelles richesses pour payer les peines du laboureur. En s'avançant le long du fleuve, Sophronyme aperçut une maison simple et médiocre, mais d'une architecture agréable, avec de justes proportions. Il n'y trouva ni marbre, ni or, ni argent, ni ivoire, ni meubles de pourpre : tout y était propre, et plein d'agrément et de commodité, sans magnificence. Une fontaine coulait au milieu de la cour, et formait un petit canal le long d'un tapis vert. Les jardins n'étaient point vastes : on y voyait des fruits et des plantes utiles pour nourrir les hommes ; aux deux côtés du jardin paraissaient deux bocages, dont les arbres étaient presque aussi anciens que la terre leur mère, et dont les rameaux épais faisaient une

---

1. Fleuve de la Lycie, qui sort du mont Taurus et se jette dans la mer Méditerranée.

ombre impénétrable aux rayons du soleil. Ils entrèrent dans un salon, où ils firent un doux repas des
mets que la nature fournissait dans les jardins, et
on n'y voyait rien de ce que la délicatesse des hommes va chercher si loin et si chèrement dans les
villes : c'était du lait aussi doux que celui qu'Apollon avait le soin de traire pendant qu'il était berger
chez le roi Admète[1] ; c'était du miel plus exquis que
celui des abeilles d'Hybla en Sicile[2] ou du mont
Hymette[3] dans l'Attique ; il y avait des légumes du
jardin, et des fruits qu'on venait de cueillir. Un vin
plus délicieux que le nectar[4] coulait de grands
vases dans des coupes ciselées. Pendant ce repas
frugal, mais doux et tranquille, Aristonoüs ne voulut point se mettre à table. D'abord il fit ce qu'il
put, sous divers prétextes, pour cacher sa modestie ; mais enfin, comme Sophronyme voulut le
presser, il déclara qu'il ne se résoudrait jamais à
manger avec le petit-fils d'Alcine, qu'il avait si
longtemps servi dans la même salle. « Voilà, lui disait-il, où ce sage vieillard avait accoutumé de
manger ; voilà où il conversait avec ses amis ; voilà
où il jouait à divers jeux. Voici où il se promenait
en lisant Hésiode et Homère[5] ; voici où il se repo-
sait la nuit. » En rappelant ces circonstances, son
cœur s'attendrissait, et les larmes coulaient de ses
yeux. Après le repas, il mena Sophronyme voir la
belle prairie où erraient ses grands troupeaux mu-
gissants, sur le bord du fleuve ; puis ils aperçurent
les troupeaux de moutons qui revenaient des gras

---

1. Voyez xxx, p. 101, note 3.
2. Voyez xxi, p. 57, note 2. —
Il y avait en Sicile trois villes
du nom d'*Hybla*. Sur les coteaux
voisins de celle qu'on appelait
Hybla minor, située à cinq lieues
sud-est de la ville de Léontini,
on recueillait un miel très-re-

nommé.

3. Au sud-est d'Athènes. Le
miel du mont Hymette conserve
encore aujourd'hui sa vieille réputation.

4. Voyez vi, p. 20, note 1.
5. Voyez xxiii, p. 108, notes 1
et 3.

pâturages ; les mères bêlantes et pleines de lait y étaient suivies de leurs petits agneaux bondissants. On voyait partout les ouvriers empressés, qui animaient le travail pour l'intérêt de leur maître doux et humain, qui se faisait aimer d'eux, et leur adoucissait les peines de l'esclavage.

Aristonoüs, ayant montré à Sophronyme cette maison, ces esclaves, ces troupeaux, et ces terres devenues si fertiles par une soigneuse culture, lui dit ces paroles : « Je suis ravi de vous voir dans l'ancien patrimoine de vos ancêtres ; me voilà content, puisque je vous mets en possession du lieu où j'ai servi si longtemps Alcine. Jouissez en paix de ce qui était à lui, vivez heureux, et préparez-vous de loin par votre vigilance une fin plus douce que la sienne. » En même temps, il lui fait une donation de ce bien, avec toutes les solennités prescrites par les lois ; et il déclare qu'il exclut de sa succession ses héritiers naturels, si jamais ils sont assez ingrats pour contester la donation qu'il a faite au petit-fils d'Alcine, son bienfaiteur. Mais ce n'est pas assez pour contenter le cœur d'Aristonoüs. Avant que de donner sa maison, il l'orne tout entière de meubles neufs, simples et modestes à la vérité, mais propres et agréables ; il remplit les greniers des riches présents de Cérès [1], et les celliers d'un vin de Chio, digne d'être servi par la main d'Hébé ou de Ganymède [2] à la table du grand Jupiter ; il y met aussi du vin Praménien [3], avec une abondante provision de miel d'Hymette et d'Hybla, et d'huile d'Atti-

---

1. Voyez xxxvi, p. 120, note 1.

2. *Hébé*, déesse de la jeunesse, fille de Jupiter et de Junon, était chargée de verser le nectar aux Dieux. — *Ganymède*, fils de Tros ou, selon d'autres, de Laomédon, fut enlevé par l'aigle de Jupiter, et devint, à la place d'Hébé, l'échanson des Dieux.

3. Espèce de vin, dont il est parlé dans Homère. On récoltait du vin *Praménien* ou *Pramnien*, dans l'île d'Icare, dans l'île de Lesbos et dans le territoire d'Éphèse, sur les confins du territoire de Smyrne.

que [1], presque aussi douce que le miel même. Enfin
il y ajoute d'innombrables toisons, d'une laine fine et
blanche comme la neige, riche dépouille des tendres
brebis qui paissaient sur les montagnes d'Arcadie [2]
et dans les gras pâturages de Sicile. C'est en cet
état qu'il donne sa maison à Sophronyme. Il lui
donne encore cinquante talents euboïques [3], et ré-
serve à ses parents les biens qu'il possède dans la
péninsule de Clazomène, aux environs de Smyrne,
de Lébède et de Colophon [4], qui étaient d'un très-
grand prix. La donation étant faite, Aristonoüs se
rembarque dans son vaisseau, pour retourner dans
l'Ionie. Sophronyme, étonné et attendri par des
bienfaits si magnifiques, l'accompagne jusqu'au
vaisseau, les larmes aux yeux, le nommant toujours
son père et le serrant entre ses bras. Aristonoüs arriva bientôt chez lui par une heureuse navigation ;
aucun de ses parents n'osa se plaindre de ce qu'il
venait de donner à Sophronyme. « J'ai laissé, leur
disait-il, pour dernière volonté dans mon testa-
ment, cet ordre, que tous mes biens seront vendus
et distribués aux pauvres de l'Ionie, si jamais aucun de vous s'oppose au don que je viens de faire au
petit-fils d'Alcine. »

Le sage vieillard vivait en paix, et jouissait des
biens que les Dieux avaient accordés à sa vertu.
Chaque année, malgré sa vieillesse, il faisait un
voyage en Lycie, pour revoir Sophronyme, et pour
aller faire un sacrifice sur le tombeau d'Alcine, qu'il
avait enrichi des plus beaux ornements de l'architecture et de la sculpture. Il avait ordonné que ses

---

1. L'Attique était très-fertile
en oliviers. Voyez xxxvi, p. 123,
note 1.

2. Contrée montagneuse du
Péloponnèse.

3. On évalue à 3,840 fr. de
notre monnaie le talent euboïque,
c'est-à-dire de l'Eubée, île de la
mer Égée.

4. Villes d'Ionie, sur la côte
de l'Asie Mineure.

propres cendres, après sa mort, seraient portées
dans le même tombeau, afin qu'elles reposassent
avec celles de son cher maître. Chaque année, au
printemps, Sophronyme, impatient de le revoir,
avait sans cesse les yeux tournés vers le rivage de
la mer, pour tâcher de découvrir le vaisseau d'Aristonoüs, qui arrivait dans cette saison. Chaque
année, il avait le plaisir de voir venir de loin, au
travers des ondes amères, ce vaisseau qui lui était
si cher ; et la venue de ce vaisseau lui était infiniment plus douce que toutes les grâces de la nature
renaissante au printemps, après les rigueurs de
l'affreux hiver.

Une année, il ne voyait point venir, comme les
autres, ce vaisseau tant désiré ; il soupirait amère-
ment ; la tristesse et la crainte étaient peintes sur
son visage ; le doux sommeil fuyait loin de ses
yeux ; nul mets exquis ne lui semblait doux : il
était inquiet, alarmé du moindre bruit ; toujours
tourné vers le port, il demandait, à tous moments,
si on n'avait point vu quelque vaisseau venu d'Ionie.
Il en vit un ; mais, hélas ! Aristonoüs n'y était pas,
il ne portait que ses cendres dans une urne d'argent. Amphiclès, ancien ami du mort, et à peu près
du même âge, fidèle exécuteur de ses dernières
volontés, apportait tristement cette urne. Quand il
aborda Sophronyme, la parole leur manqua à tous
deux, et ils ne s'exprimèrent que par leurs sanglots.
Sophronyme ayant baisé l'urne et l'ayant arrosée
de ses larmes, parla ainsi : « O vieillard, vous avez
fait le bonheur de ma vie, et vous me causez maintenant la plus cruelle de toutes les douleurs : je ne
vous verrai plus ; la mort me serait douce pour vous
voir et pour vous suivre dans les Champs Ély-
sées [1], où votre ombre jouit de la bienheureuse paix

_____
1. Lieux où étaient reçues après la mort, les âmes des hommes
justes.

que les Dieux justes réservent à la vertu. Vous avez
ramené en nos jours la justice, la piété et la reconnaissance sur la terre : vous avez montré dans un
siècle de fer la bonté et l'innocence de l'âge d'or.
Les Dieux, avant que de vous couronner dans le
séjour des justes, vous ont accordé ici-bas une vieillesse heureuse, agréable et longue ; mais, hélas! ce
qui devrait toujours durer n'est jamais assez long.
Je ne sens plus aucun plaisir à jouir de vos dons,
puisque je suis réduit à en jouir sans vous. O chère
ombre! quand est-ce que je vous suivrai? Précieuses cendres, si vous pouvez sentir encore quelque chose, vous ressentirez sans doute le plaisir
d'être mêlées à celles d'Alcine. Les miennes s'y mê-
leront aussi un jour. En attendant, toute ma conso-
lation sera de conserver ces restes de ce que j'ai le
plus aimé. O Aristonoüs! ô Aristonoüs! non, vous
ne mourrez point, et vous vivrez toujours dans le
fond de mon cœur. Plutôt m'oublier moi-même,
que d'oublier jamais cet homme si aimable, qui
m'a tant aimé, qui aimait tant la vertu, à qui je
dois tout ! »

Après ces paroles, entrecoupées de profonds soupirs, Sophronyme mit l'urne dans le tombeau d'Alcine ; il immola plusieurs victimes, dont le sang
inonda les autels de gazon qui environnaient le tombeau ; il répandit des libations abondantes de vin et
de lait; il brûla des parfums venus du fond de l'O-
rient, et il s'éleva un nuage odoriférant au milieu des
airs. Sophronyme établit à jamais, pour toutes les
années, dans la même saison, des jeux funèbres en
l'honneur d'Alcine et d'Aristonoüs. On y venait de
la Carie [1], heureuse et fertile contrée; des bords
enchantés du Méandre [2], qui se joue par tant de dé-
tours, et qui semble quitter à regret le pays qu'il

---

1. Province du sud-ouest de l'Asie Mineure.

2. Fleuve d'Ionie, qui se jette dans la mer Icarienne.

arrose; des rives toujours vertes du Caystre [1]; des
bords du Pactole [2], qui roule sous ses flots un sable
doré; de la Pamphylie [3], que Cérès, Pomone et
Flore [4] ornent à l'envi; enfin des vastes plaines de la
Cilicie [5], arrosées comme un jardin par les torrents
qui tombent du mont Taurus [6], toujours couvert de
neige. Pendant cette fête si solennelle, les jeunes
garçons et les jeunes filles, vêtus de robes traî-
nantes de lin, plus blanches que les lis, chantaient
des hymnes à la louange d'Alcine et d'Aristonoüs;
car on ne pouvait louer l'un sans louer aussi l'autre,
ni séparer deux hommes si étroitement unis, même
après leur mort.

Ce qu'il y eut de plus merveilleux, c'est que, dès
le premier jour, pendant que Sophronyme faisait
les libations de vin et de lait, un myrte d'une verdure et d'une odeur exquise naquit au milieu du
tombeau, et éleva tout à coup sa tête touffue, pour
couvrir les deux urnes de ses rameaux et de son
ombre : chacun s'écria qu'Aristonoüs, en récompense de sa vertu, avait été changé par les Dieux
en un arbre si beau. Sophronyme prit soin de l'arroser lui-même, et de l'honorer comme une divinité.

Cet arbre, loin de vieillir, se renouvelle de dix
ans en dix ans, et les Dieux ont voulu faire voir,
par cette merveille, que la vertu, qui jette un si
doux parfum dans la mémoire des hommes, ne
meurt jamais.

1. Fleuve d'Ionie, qui se jette
dans le golfe d'Éphèse.

2. Fleuve de Lydie, qui traverse la ville de Sardes.

3. Province de l'Asie Mineure, située entre la Cilicie et la
Lycie.

4. Voyez xxxvi, p. 120, note 1,
et xxxi, p. 104, note 3.

5. Province considérable de
l'Asie Mineure, au sud-est.

6. Chaîne de montagnes, qui
traverse la Lycie, la Pamphylie,
et se divise, au nord-ouest de la
Cilicie, en deux parties, dont
l'une se nomme Taurus, et l'autre
Antitaurus.

NOTE SUR LA PAGE 127.

Au lieu de ce qui est dit ici de Damoclès, on lit dans les éditions antérieures à celle de 1718 l'épisode suivant, que nous avons cru devoir conserver en note. La *Préface* de 1718 ne nous dit pas si c'est l'auteur, mort en 1715, qui a fait cette suppression et les changements qu'elle a rendus nécessaires.

ALCINE, qui m'aimait de plus en plus, et qui était ravi de voir le succès de ses soins pour moi, m'affranchit, et m'envoya à Polycrate [1], tyran de Samos [2], qui, dans son incroyable félicité, craignait toujours que la fortune, après l'avoir si longtemps flatté, ne le trahît cruellement. Il aimait la vie, qui était pour lui pleine de délices; il craignait de la perdre, et voulait prévenir les moindres apparences de maux : ainsi il était toujours environné des hommes les plus célèbres dans la médecine.

Polycrate fut ravi que je voulusse passer ma vie auprès de lui. Pour m'y attacher, il me donna de grandes richesses, et me combla d'honneurs. Je demeurai longtemps à Samos, où je ne pouvais assez m'étonner de voir un homme que la fortune semblait prendre plaisir à servir selon tous ses désirs. Il suffisait qu'il entreprît une guerre, la victoire suivait près; il n'avait qu'à vouloir les choses les plus difficiles, elles se faisaient d'abord comme d'elles-mêmes. Ses richesses immenses se multipliaient tous les jours; tous ses ennemis étaient abattus à ses pieds; sa santé, loin de diminuer, devenait plus forte et plus égale. Il y avait déjà quarante ans que ce tyran, tranquille et heureux, tenait la fortune

1. Polycrate est un personnage historique, du vi⁰ siècle avant Jésus-Christ. Ce que Fénelon raconte de lui est tiré du livre III de l'ancienne et célèbre *Histoire d'Hérodote*.

2. Île de la mer Icarienne, près de la côte d'Ionie.

comme enchaînée, sans qu'elle osât jamais se
démentir*en rien, ni lui causer le moindre mé-
compte dans tous ses desseins. Une prospérité
si inouïe parmi les hommes me faisait peur pour
lui. Je l'aimais sincèrement, et je ne pus m'empêcher de lui découvrir ma crainte : elle fit impression dans son cœur; car, encore qu'il fût amolli par
les délices et enorgueilli de sa puissance, il ne laissait pas d'avoir quelques sentiments d'humanité,
quand on le faisait ressouvenir des Dieux, et de
l'inconstance des choses humaines. Il souffrit que je
lui disse la vérité, et il fut si touché de ma crainte
pour lui, qu'enfin il résolut d'interrompre le cours
de ses prospérités, par une perte qu'il voulait se
préparer lui-même. « Je vois bien, me dit-il, qu'il n'y
a point d'homme qui ne doive en sa vie éprouver
quelque disgrâce de la fortune : plus on a été épar-
gné d'elle, plus on a à craindre quelque révolution
affreuse; moi qu'elle a comblé de biens pendant tant
d'années, je dois en attendre des maux extrêmes, si
je ne détourne ce qui semble me menacer. Je veux
donc me hâter de prévenir les trahisons de cette
fortune flatteuse. » En disant ces paroles, il tira de
son doigt son anneau, qui était d'un très-grand prix,
et qu'il aimait fort; il le jeta, en ma présence, du
haut d'une tour dans la mer, et espéra, par cette
perte, d'avoir satisfait à la nécessité de subir, du
moins une fois en sa vie, les rigueurs de la fortune.
Mais c'était un aveuglement causé par sa prospérité.
Les maux qu'on choisit, et qu'on se fait soi-même,
ne sont plus des maux: nous ne sommes affligés que
par les peines forcées et imprévues dont les Dieux
nous frappent. Polycrate ne savait pas que le vrai
moyen de prévenir la fortune, était de se détacher,
par sagesse et par modération, de tous les biens fra-
giles qu'elle donne. La fortune, à laquelle il voulut
sacrifier son anneau, n'accepta point ce sacrifice;

et Polycrate, malgré lui, parut plus heureux que
jamais. Un poisson avait avalé l'anneau; le poisson
avait été pris, porté chez Polycrate, préparé pour
être servi à sa table; et l'anneau, trouvé par un
cuisinier dans le ventre du poisson, fut rendu au
tyran, qui pâlit à la vue d'une fortune si opiniâtre à
le favoriser. Mais le temps s'approchait où ses prospérités se devaient changer tout à coup en des ad-
versités affreuses. Le grand roi de Perse, Darius, fils
d'Hystaspe, entreprit la guerre contre les Grecs. Il
subjugua bientôt toutes les colonies grecques de la
côte d'Asie, et des îles voisines, qui sont dans la
mer Égée. Samos fut prise; le tyran fut vaincu, et
Orante, qui commandait pour le grand roi, ayant
fait dresser une haute croix, y fit attacher le tyran [1].
Ainsi cet homme, qui avait joui d'une si haute
prospérité, et qui n'avait pu même éprouver le malheur qu'il avait cherché, périt tout à coup par le
plus cruel et le plus infâme de tous les supplices.
Ainsi rien ne menace tant les hommes de quelque
grand malheur, qu'une trop grande prospérité.

Cette fortune, qui se joue cruellement des hommes les plus élevés, tire aussi de la poussière ceux
qui étaient les plus malheureux. Elle avait précipité
Polycrate du haut de sa roue, et elle m'avait fait
sortir de la plus misérable de toutes les conditions,
pour me donner de grands biens. Les Perses ne me
les ôtèrent point; au contraire, ils firent grand cas
de ma science pour guérir les hommes, et de la modération avec laquelle j'avais vécu pendant que j'é-
tais en faveur auprès du tyran. Ceux qui avaient
abusé de sa confiance et de son autorité furent pu-
nis de divers supplices. Comme je n'avais jamais
fait de mal à personne, et que j'avais, au contraire,
fait tout le bien que j'avais pu faire, je demeurai le

---

1. L'an 522 avant Jésus-Christ.

seul que les victorieux épargnèrent, et qu'ils traitè-
rent honorablement. Chacun s'en réjouit, car j'étais
aimé, et j'avais joui de la prospérité sans envie,
parce que je n'avais jamais montré ni dureté, ni
orgueil, ni avidité, ni injustice. Je passai encore à
Samos quelques années assez tranquillement; mais
je sentis enfin un violent désir de revoir la Lycie,
où j'avais passé si doucement mon enfance.

XXXVIII

LE FANTASQUE.

Qu'est-il donc arrivé de funeste à Mélanthe? Rien
au dehors, tout au dedans. Ses affaires vont à
souhait ; tout le monde cherche à lui plaire. Quoi
donc? c'est que sa rate fume. Il se coucha hier les
délices du genre humain : ce matin, on est honteux
pour lui, il faut le cacher. En se levant, le pli d'un
chausson lui a déplu : toute la journée sera ora-
geuse, et tout le monde en souffrira. Il fait peur, il
fait pitié; il pleure comme un enfant, il rugit comme
un lion. Une vapeur maligne et farouche trouble et
noircit son imagination, comme l'encre de son écri-
toire barbouille ses doigts. N'allez pas lui parler des
choses qu'il aimait le mieux il n'y a qu'un moment : par la raison qu'il les a aimées, il ne les
saurait plus souffrir. Les parties de divertissement
qu'il a tant désirées lui deviennent ennuyeuses : il
faut les rompre. Il cherche à contredire, à se plaindre, à piquer les autres; il s'irrite de voir qu'ils
ne veulent point se fâcher. Souvent il porte ses
coups en l'air, comme un taureau furieux, qui, de
ses cornes aiguisées, va se battre contre les vents.
Quand il manque de prétexte pour attaquer les autres, il se tourne contre lui-même : il se blâme; il ne

se trouve bon à rien ; il se décourage ; il trouve fort mauvais qu'on veuille le consoler. Il veut être seul, et ne peut supporter la solitude. Il revient à la compagnie, et s'aigrit contre elle. On se tait : ce silence affecté le choque. On parle tout bas : il s'imagine que c'est contre lui. On parle tout haut : il trouve qu'on parle trop, et qu'on est trop gai pendant qu'il est triste. On est triste : cette tristesse lui paraît un reproche de ses fautes. On rit : il soupçonne qu'on se moque de lui. Que faire ? Etre aussi ferme et aussi patient qu'il est insupportable, et attendre en paix qu'il revienne demain aussi sage qu'il était hier. Cette humeur étrange s'en va comme elle vient. Quand elle le prend, on dirait que c'est un ressort de machine qui se démonte tout à coup : il est comme on dépeint les possédés ; sa raison est comme à l'envers ; c'est la déraison elle-même en personne. Poussez-le, vous lui ferez dire en plein jour qu'il est nuit ; car il n'y a plus ni jour ni nuit pour une tête démontée par son caprice. Quelquefois il ne peut s'empêcher d'être étonné de ses excès et de ses fougues. Malgré son chagrin, il sourit des paroles extravagantes qui lui ont échappé. Mais quel moyen de prévoir ces orages, et de conjurer la tempête ? Il n'y en a aucun : point de bons almanachs pour prédire ce mauvais temps. Gardez-vous bien de dire : « Demain nous irons nous divertir dans un tel jardin ; » l'homme d'aujourd'hui ne sera point celui de demain ; celui qui vous promet maintenant disparaîtra tantôt : vous ne saurez plus où le prendre pour le faire souvenir de sa parole ; en sa place, vous trouverez un je ne sais quoi qui n'a ni forme ni nom, qui n'en peut avoir, et que vous ne sauriez définir deux instants de suite de la même manière. Étudiez-le bien, puis dites-en tout ce qu'il vous plaira : il ne sera plus vrai le moment d'après que vous l'aurez dit. Ce je ne sais quoi veut et ne veut pas ; il menace, il tremble ;

il mêle des hauteurs ridicules avec des bassesses in-
dignes. Il pleure, il rit, il badine, il est furieux. Dans
sa fureur la plus bizarre et la plus insensée, il est
plaisant, éloquent, subtil, plein de tours nouveaux,
quoiqu'il ne lui reste pas seulement une ombre de
raison. Prenez bien garde de ne lui rien dire qui ne
soit juste, précis et exactement raisonnable : il saurait bien en prendre avantage, et vous donner
adroitement le change ; il passerait d'abord de son
tort au vôtre, et deviendrait raisonnable pour le
seul plaisir de vous convaincre que vous ne l'ê-
tes pas. C'est un rien qui l'a fait monter jusques aux nues ; mais ce rien qu'est-il devenu ? il
s'est perdu dans la mêlée ; il n'en est plus ques-
tion : il ne sait plus ce qui l'a fâché, il sait seulement qu'il se fâche et qu'il veut se fâcher ; encore
même ne le sait-il pas toujours. Il s'imagine souvent que tous ceux qui lui parlent sont emportés, et
que c'est lui qui se modère : comme un homme qui
a la jaunisse croit que tous ceux qu'il voit sont
jaunes, quoique le jaune ne soit que dans ses
yeux. Mais peut-être qu'il épargnera certaines personnes auxquelles il doit plus qu'aux autres, ou
qu'il paraît aimer davantage. Non ; sa bizarrerie ne
connaît personne : elle se prend, sans choix, à tout
ce qu'elle trouve ; le premier venu lui est bon pour
se décharger : tout lui est égal, pourvu qu'il se fâche ; il dirait des injures à tout le monde. Il n'aime
plus les gens, il n'en est point aimé ; on le persécute,
on le trahit ; il ne doit rien à qui que ce soit. Mais
attendez un moment, voici une autre scène. Il a besoin de tout le monde ; il aime, on l'aime aussi ; il
flatte, il s'insinue, il ensorcelle tous ceux qui ne pouvaient plus le souffrir ; il avoue son tort ; il rit de ses
bizarreries, il se contrefait ; et vous croiriez que c'est
lui-même dans ses accès d'emportement, tant il se
contrefait bien. Après cette comédie jouée à vos

propres dépens, vous croyez bien qu'au moins il ne
fera plus le démoniaque. Hélas! vous vous trompez :
il le fera encore ce soir, pour s'en moquer demain,
sans se corriger.

XXXIX

LA MÉDAILLE [1].

JE CROIS, Monsieur, que je ne dois point perdre de
temps pour vous informer d'une chose très-cu-
rieuse, et sur laquelle vous ne manquerez pas de
faire bien des réflexions. Nous avons en ce pays un
savant nommé Wanden, qui a de grandes corres-
pondances avec les antiquaires d'Italie. Il prétend
avoir reçu par eux une médaille antique, que je n'ai
pu voir jusqu'ici, mais dont il a fait frapper des co-
pies qui sont très-bien faites, et qui se répandront
bientôt, selon les apparences, dans tous les pays où
il y a des curieux. J'espère que, dans peu de jours, je
vous en enverrai une. En attendant, je vais vous
en faire la plus exacte description que je pourrai.

D'un côté, cette médaille, qui est fort grande, représente un enfant d'une figure très-belle et très-
noble; on voit Pallas qui le couvre de son égide [2];
en même temps les trois Grâces [3] sèment son chemin de fleurs; Apollon [4], suivi des Muses [5], lui offre sa lyre; Vénus [6] paraît en l'air, dans son char
attelé de colombes, qui laisse tomber sur lui sa
ceinture; la Victoire lui montre d'une main un

1. Sur cette lettre prétendue de Bayle à Fénelon, voyez
ci-dessus, p. 12.

2. Nom du bouclier de Pallas
ou Minerve. — Voyez xxvi,
p. 89, note 3.

1. Voyez ix, p. 24, note 2.
2. Voyez xxx, p. 100, note 3.
3. Voyez xxviii, p. 97, note 3.
4. Voyez ix, p. 24, note 3.

char de triómphe, et de l'autre lui présente une couronne. Les paroles sont prises d'Horace : *Non sine Dis animosus infans* [1].

Le revers est bien différent. Il est manifeste que c'est le même enfant, car on reconnaît d'abord le même air de tête ; mais il n'a autour de lui que des masques grotesques et hideux, des reptiles venimeux, comme des vipères et des serpents, des insectes, des hiboux, enfin des harpies [2] sales, qui répandent de l'ordure de tous côtés, et qui déchirent tout avec leurs ongles crochus. Il y a une troupe de Satyres [3] impudents et moqueurs, qui font les postures les plus bizarres, qui rient, et qui montrent du doigt la queue d'un poisson monstrueux, par où finit le corps de ce bel enfant. Au bas, on lit ces paroles, qui, comme vous savez, sont aussi d'Horace : *Turpiter atrum desinit in piscem* [4].

Les savants se donnent beaucoup de peine pour découvrir en quelle occasion cette médaillle a pu être frappée dans l'antiquité. Quelques-uns soutiennent qu'elle représente Caligula [5], qui, étant fils de Germanicus [6], avait donné, dans son enfance, de hautes espérances pour le bonheur de l'Empire, mais

1. *Ode* iv du livre III, vers 20. Littéralement : *Enfant courageux non sans les Dieux*, c'est-à-dire *grâce aux Dieux*. — Horace est un des plus célèbres poëtes latins. Il vivait au siècle d'Auguste. Nous avons de lui des *odes*, des *satires* et des *épîtres*.

2. Monstres qui avaient un visage de femme, un corps de vautour, avec des ailes, des griffes aux pieds et aux mains, des oreilles d'ours.

3. Voyez xxviii, p. 97, note 6.

4. *Épître aux Pisons* ou *Art poétique*, vers 3 et 4. Littérale-

ment : *Il se termine hideusement en un noir poisson*.

5. Caïus, surnommé Caligula, fils de Germanicus et d'Agrippine, succéda à l'empereur Tibère et marqua tous les jours de son règne par de nouveaux excès de cruauté ou de folie.

6. Fils de Drusus et fils adoptif de Tibère. Ce prince, non moins distingué par ses talents que par ses vertus, mourut à Antioche, à l'âge de trente-quatre ans, l'an 19 de Jésus-Christ, en accusant Pison et sa femme Plancine de l'avoir empoisonné.

qui, dans la suite, devint un monstre. D'autres veulent que tout ceci ait été fait pour Néron [1], dont les commencements furent si heureux et la fin si horrible. Les uns et les autres conviennent qu'il s'agit d'un jeune prince éblouissant, qui promettait beaucoup, et dont toutes les espérances ont été trompeuses. Mais il y en a d'autres, plus défiants, qui ne croient point que cette médaille soit antique. Le mystère que fait M. Wanden pour cacher l'original donne de grands soupçons. On s'imagine voir quelque chose de notre temps figuré dans cette médaille : peut-être signifie-t-elle de grandes espérances qui se tourneront en de grands malheurs ; il semble qu'on affecte de faire entrevoir malignement quelque jeune prince dont on tâche de rabaisser toutes les bonnes qualités par des défauts qu'on lui impute. D'ailleurs, M. Wanden n'est pas seulement curieux : il est encore politique, fort attaché au prince d'Orange [2], et on soupçonne que c'est d'intelligence avec lui qu'il veut répandre cette médaille dans toutes les cours de l'Europe. Vous jugerez bien mieux que moi, Monsieur, ce qu'il en faut croire. Il me suffit de vous avoir fait part de cette nouvelle, qui fait raisonner ici, avec beaucoup de chaleur, tous nos gens de lettres, et de vous assurer que je suis toujours votre très-humble et très-obéissant serviteur,

BAYLE [3].

D'Amsterdam [4], le 4 mai 1691.

1. Ce prince, dont le nom odieux est devenu *aux plus cruels tyrans une cruelle injure*, était fils d'Agrippine (fille de Germanicus), et fils adoptif de l'empereur Claude, à qui il succéda.

2. Le prince d'Orange, stathouder de Hollande, qui était monté sur le trône d'Angleterre en 1688, sous le nom de Guillaume III, était alors en guerre avec la France.

3. Bayle, non moins fameux, par son savoir que par son scepcisme, était né au Carlat, dans le comté de Foix. Il vivait alors en Hollande, et occupait une chaire de philosophie à Rotterdam.

4. Capitale de la Hollande.

FABLES LATINES.

AVIS DE L'ÉDITEUR.

Outre les fables françaises qui précèdent, Fénelon a écrit quelques fables latines, qui sont, pour la plupart, imitées de La Fontaine. Bien qu'on y remarque quelques traces de la rapidité du travail, qu'on puisse y relever quelques expressions impropres ou peu usitées en prose, peut-être aussi quelques tournures hasardées, nous avons cru qu'on nous saurait gré d'avoir joint à ce recueil les plus remarquables de ces petites compositions, qui nous fournissent au moins une preuve touchante de l'attention que leur auteur apportait aux moindres détails de l'éducation de son élève ; car ces fables sont évidemment les *corrigés des thèmes* du duc de Bourgogne. Mais, comme ce ne sont pas là des titres de gloire littéraire, nous aurions été injuste envers la mémoire de Fénelon, si nous n'avions ajouté à ces ébauches, que nous ne donnons pas pour des modèles parfaits, les deux petites pièces qui terminent ce volume, et dont la latinité ingénieuse et toujours élégante, trop élégante peut-être, nous prouve que Fénelon aurait pu, au besoin, se montrer digne en latin de ce qu'il était en français.

Ces pièces latines ont été collationnées, comme nous l'avons dit dans l'*Avertissement*, sur les manuscrits, dont quatre sont de la main de l'auteur.

I

MERCURII CUM ÆSOPO COLLOQUIUM.

Æsopus ille qui carmine bestias vocales fecit, et quem vicissim bestiæ vocales immortalem fecere ; is, inquam, ille Æsopus, jamjam luce iterum donandus, valde sibi metuebat ne bestiis, quas cecinerat, ipse adscriberetur. Tum Mercurius, pileo alato, talaribus aureis et potenti virga insignis : « Parce metu, inquit subridens, neque servitutis asperæ memineris ultra ; tua te manent omnia : ingenium acre, pectus virtutis amans, anima candida, splendidi mores, sales, joci, veneres, lepores, artes, et gratia sermonum vivax. Id unum tibi pervincendum æquo animo, ut gibbosus iterum fias : hoc naturæ vitium, ne tibi sit tædio, fata amica abunde compensant. Rex invictus eris, belli fulmen, pacis decus, hominum deliciæ, præsidium et grande columen ; a Gadibus ad Seras usque laus tua inclarescet. Bene ferre magnam disce fortunam. — Apage, retulit Æsopus, apage tot tantaque deorum munera, si vertantur mihi ludibrio. Victori regi ponenda in foro statua monumentum foret æque perenne ac ridiculum. O indignum virtutis heroicæ præmium gibbus æneus ! Quanto tolerabilius, vile mancipium, inclementis heri et sponsæ rixosæ jugum denuo perferam ! »

II

MULIERIS CUJUSDAM CUM FATO COLLOQUIUM.

« Sine te exorem, Fato inquiebat Mulier quædam, prolis cupida. Natos, dulces natos, thalami sancti præmia ne deneges. — Quinquaginta liberi, reposuit Fatum, te manent. » At illa : « Hui ! tot educandis impar sum. — Sex tantum habeto : verum tres stultos et vecordes perferas æquo animo. — Atqui strenuos et industrios ut des jubeo. — Si strenui et industrii, subdolos igitur et improbos habeas necesse est. — Proh scelus ! impios et perditissimos, cruci devovendos, domi alerem ! Apage istæc omnia. — Diversa igitur tibi obtingant : sex nati, præstanti corpore, acri ingenio, anima candida, ad unguem facti, te senio confectam oblectent ; verum immatura morte peremptos compones. — O me miseram, et Hecuba ipsa miserabiliorem ! — O morosa et pervicax mulier ! Omnia respuis : nunquam parias longe satius est. Fatum ipsum omnipotens sortem quæ tuum animum expleat parere nequit. »

III

RODILARDUS [1].

Felis, nomine Rodilardus, tantam murium stragem fecit, ut genus deficere jam videretur. Rari superstites, e cavis prodire nusquam [2] ausi, fame conficiebantur. Rodilardus vero miseris habebatur non felis, sed furia. Dum aliquando procul et summis in tectis domus ipse feminam peteret, habuere comitia sua mures, ut rebus afflictis consulerent. Senior gravis et peritus censuit quam primum alligandum esse tintinnabulum collo Rodilardi. Sic, quoties moveret bellum, ipsos, rei gnaros, se recepturos in latebras : hoc unum se nosse perfugium tantis in angustiis. Huic sententiæ omnes accedunt plauduntque :

1. La Fontaine, livre II, fable 2.
2. Dans l'original *usquam*.

nil utilius visum est. At tintinnabulum alligare, hoc opus, hic labor est. « Absit ut demens id audeam, inquit unus et alter; alio mihi eundum est. » Sic, rebus infectis, solvuntur comitia. Heu ! quot vidi collegia, non murium quidem, sed monachorum, sed clericorum, quæ sic incassum habentur ! Senatoribus abundat curia, si deliberatione ; si facto opus est, cuncti aufugiunt.

IV

MUS EREMITA [1].

ORIENTALIUM historia narrat quemdam Murem civilibus curis defessum, procul a tumultu in cavum casei hollandici secessisse. Late silebat regio deserta. Novus eremita, hinc inde grassans, facilem victum comparabat. Dente ac pede potitus est cibis tectoque. Quid ultra opus est ? Pinguescit brevi. Deus sibi devotis bona largitur quam plurima. Aliquando legati murinæ gentis adierunt pium eximiumque fratrem, ut saltem vel exiguam eleemosynam erogaret. Peregre profecti erant ad regiones longinquas, adversus felinum genus opem oraturi. Namque Ratopolis urgebatur ab hoste, libero commeatu carens. Absque viatico proficisci coacti fuerant, præ summa reipublicæ profligatæ inopia. Modico contenti fuissent auxilio; certum enim erat subsidium intra quatuor aut ad summum quinque dies adventurum. « O amici, inquit severus eremita, quid me tangunt hujus mundi curæ ? Quid vestræ calamitati opitulari potest solitarius ? Unis precibus numinis opem vobis demereri jam mihi superest : vobis affuturum spero. » His dictis, januam clausit. Hoc Mure immisericorde

1. La Fontaine, livre VII, fable 3.

quemnam putas me designasse? Monachum? Minime: at dervidem. Monachum semper fratribus beneficum, et caritate promptum pie credo.

V

MULIER ET LACTIS SINUM [1].

TENUI cum culcita capiti impositum, vas fictile lacte plenum Petronilla urbem deferebat, sperans se facturam iter absque ullo casu. Levis et alte succincta properabat, una tantum induta veste, calceisque humilibus sibi aptatis. Rustica sic præcincta jam secum cogitabat lactis pretium : pecuniam locatam, centum ova emenda, triplicemque gallinam incubantem ovis. Sua industria rem facere proxime certa erat. «Facile est, inquit, in propatulo domus enutrire pullos gallinaceos; nec vulpes dolosa ita depopulabitur, ut pretio pullorum porcum alere nequeam; furfuris paululum porcum saginabit. Atqui jam adultus et pinguis erat, quando illum emi. Pro mercando redibunt nummi. Quid obstat quominus nostra in stabula deducam bovem fetam cum vitulo? nec enim hos pluris faciunt. Eum exsultim ludentem spectabo.» Ipsa Petronilla ludibunda exsultat : continuo lac effunditur; simul evanescunt vitulus, juvenca, sus, pulli. Misera mœstis oculis spectans gazam disperditam, ne det pœnas culpæ, excusationibus sponsum exorare nititur. Hinc fabula ab histrionibus acta in theatris, cui nomem *Vas lacteum.* Quis mente non aberrat? Quis chimæras non sibi fingit? Picrocholus, Pyrrhus, rustica nostra, denique omnes, cordati et insani, promiscue vigilando somniant. Nil

1. La Fontaine, livre vii, fable 10.

dulcius quidquam; gratum delirium animam rapit.
Tum omnia nostra, dignitates summæ, venustæque
mulieres. Ubi solus otior, fortissimos ad pugnam
provoco. Aberrare libet : regem Persarum disturbo
e solio; rex ipse deligor carus populis; diademata
mco capiti accumulantur. Si vero, nescio quo casu,
ad me ipsum redire cogar, uti antea Joannes servu-
lus resto.

VI

CARRUCA ET MUSCA [1].

Clivoso in itinere, arenis resperso, atque sale-
broso, undique soli ferventi objecto, sex equi acres
carrucam trahebant. Mulieres, monachi, senes de-
scenderant. Exsudant, anhelant, fatiscunt equi.
Advolat Musca, bombo sperans equos concitare.
Hunc, illum pungit, creditque machinam ingentem
suis impelli viribus. Medio in temone, aurigæ naso
insidet. Dum carrucam incedentem, viatoresque sc-
quentes spectat, id sibi laudi apponit. Ergo it, redit,
ardelionum more. Crederes tribunum militum, qui
huc illuc agit singulos ordines in prœlium, et victo-
riam maturat. Musca queritur se unam communi
negotio operam dare ; præter se neminem stimulare
equos ad iniquum superandum iter. Monachus offi-
cium recitabat, alieniore quidem tempore. Mulier
canebat : scilicet is erat cantilenis locus! Sic mur-
murat singulorum auribus inepta Musca. Carruca
tandem, multis exhaustis laboribus, clivum superat.
Continuo Musca : « Nunc, ait, reficiamus halitum ;
mea industria devenimus in hanc planitiem. O equi,

1. La Fontaine, livre vii, fable 9.

referte gratiam ; solvite præmium. » Ita complures affectant anxium vitæ genus, ac negotiis sese obtrudunt; ubique, ut necessarii, accersiri volunt. Quanto satius arcendi forent!

IN FONTANI MORTEM.

Heu! fuit vir ille facetus, Æsopus alter, nugarum laude Phædro superior, per quem brutæ animantes, vocales factæ, humanum genus edocuere sapientiam. Heu! Fontanus interiit. Proh dolor! interiere simul Joci dicaces, lascivi Risus, Gratiæ decentes, doctæ Camenæ. Lugete, o quibus cordi est ingenuus lepos, natura nuda et simplex, incompta et sine fuco elegantia! illi, illi uni per omnes doctos licuit esse negligentem. Politiori stilo quantum præstitit aurea negligentia! Tam caro capiti quantum debetur desiderium! Lugete, Musarum alumni. Vivunt tamen, æternumque vivent carmini jocoso commissæ veneres, dulces nugæ, sales attici, suadela blanda atque parabilis; neque Fontanum recentioribus, juxta temporum seriem, sed antiquis, ob amœnitates ingenii, adscribimus. Tu vero, Lector, si fidem deneges, codicem aperi. Quid sentis? Ludit Anacreon. Sive vacuus, sive quid uritur Flaccus, hic fidibus canit. Mores hominum atque ingenia fabulis Terentius ad vivum depingit. Maronis molle et facetum spirat hoc in opusculo. Heu! quandonam mercuriales viri quadrupedum facundiam æquiparabunt?

FENELONII

AD SERENISSIMUM BURGUNDIÆ DUCEM

EPISTOLA.

QUAM eleganter latine scriptites, dulcissime prin-
ceps, a Floro [1] nostro, teste locuplete, mihi renun-
tiatum est. Nihil mihi sane jucundius unquam hoc
nuntio fuit : cui quidem eo lubentius fidem adhibui,
quod pergratum mihi fuerit ac verisimile. Totis
oculis, toto pectore hausi, quod animum tuæ laūdis
cupidum explet. Quare age, o amantissime Musarum
alumne; macte virtute; Parnassi juga conscende :
tibi Phœbi chorus omnis assurget. Antequam aulæ
repetendæ mihi sit copia, te grammaticæ ambagi-
bus ac spinis extricatum vellem; eo collineant [2] vota
omnia. Interim litterario munusculo te donem sinas :
dialogus est Francisci Primi et Caroli quinti : quem
si perlegere te non tædet, non insulsum intellexero.
Redde, quæso, vices. Quantulacumque charta, quæ
Terentii sales, Ciceronisve facetum dicendi genus sa-
piat, me totumque Belgium [3] incredibili voluptate
afficiet. Vale.

1. Fénelon traduit ainsi en latin le nom de l'abbé Fleury,
sous-précepteur du duc de Bourgogne.
2. Dans l'original *collimant*,
forme qu'on trouve fréquemment
dans d'anciennes éditions de
textes latins.
3. La vile de Cambray, d'où
Fénelon écrit, était dans la
partie de l'ancienne Gaule qu'on
appelait Belgique.

FIN.

TABLE DES MATIÈRES

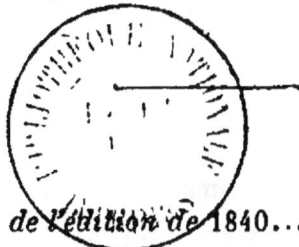

FIN DE LA TABLE.

CORBEIL. — Typ. et stér. de CRÉTÉ FILS.

NOUVELLE COLLECTION

DE

CLASSIQUES

Format petit in-16

PUBLIÉS AVEC DES NOTICES, DES ARGUMENTS ANALYTIQUES
ET DES NOTES EN FRANÇAIS

(Les noms des annotateurs sont indiqués entre parenthèses)

Ces éditions se recommandent par la pureté du texte,
la concision des notes, la commodité du format et l'élégance du cartonnage.

CLASSIQUES LATINS

CICERON : *Analyse et extraits des principaux discours* (F. Ra-
gon, ancien inspecteur général de l'Université).   2 fr. 50 c.
— *De finibus, libri I et II* (E. Charles).   1 fr. 50 c.
— *De re publica* (E. Charles).   1 fr. 50 c
— *Orator* (C. Aubert, insp. de l'Académie de Paris).   1 fr
— *Pro Archia poeta* (A. Noël).   30 c.
— *Pro lege Manilia* (Noël).   30 c.
— *Pro Marcello* (Noël).   30 c.
CORNELIUS NEPOS (A. Monginot).   90 c.
HEUZET : *Selecta e profanis scriptoribus historiæ* (J.
Lemaire, professeur au lycée Louis-le-Grand).   1 fr. 75 c.
JOUVENCY : *Appendix de diis et heroibus poeticis* (Edeline,
professeur au lycée Fontanes).   70 c.
LHOMOND : *De viris illustribus Romæ* (Chaine). 1 fr. 10 c.
— *Epitome historiæ sacræ* (Pessard).   60 c.
LUCRECE : *Morceaux choisis* (Peyard)   1 fr. 50 c.
PERES DE L'ÉGLISE LATINE : *Morceaux choisis* (Nourris-
son, membre de l'institut).   2 r. 25 c.
PHEDRE : *Fables* (Talbert, directeur du collège Rollin). 80 c.
PLAUTE : *Morceaux choisis* (E. Benoist, professeur sup-
pléant à la Faculté des lettres de Paris).   2 fr.
— *Aululaire* (E. Benoist).   80 c.
VIRGILE (E. Benoist).   2 fr. 25 c.

Paris. — Typographie Lahure.